DISSERTATION

SUR

LES DOUAIRES COUTUMIERS.

DISSERTATION

SUR

LES DOUAIRES COUTUMIERS

Et autres Dons ou Avantages que les Coutumes attribuaient au survivant des époux, sur les biens du prédécédé.

Par A. C. GUICHARD,

Avocat en la Cour de cassation.

PARIS.

DE L'IMPRIMERIE DE VALADE.

1810.

SOMMAIRES.

§. Ier. Court rappel de la Législation ancienne. P. ... 1

§. II. Législation nouvelle 1

§. III. Code civil de 1793 2

§. IV. Suspension du Code. Lois provisoires 2

§. V. Loi du 5 brumaire an 2 3

§. VI. Rapport qui précéda la loi du 17 nivôse . . . 4

§. VII. Loi du 17 nivôse an 2 7

§. VIII. Explications qui suivirent la loi du 17 nivôse. 11

§. IX. Loi du 22 ventôse an 2 13

§. X. Loi du 9 fructidor an 2 15

§. XI. Opinion générale. Sentiment des commenta-
teurs. 16

   M. *Vermeil* 17

   M. *Levasseur* 18

   M. *Massé*, notaire. 20

   M. *Merlin* 21

   M. *Grenier* 27

§. XII. Jurisprudence, Autorités. 27

   Arrêt de la Cour de cassation, du 20 octob. 1807. 29

§. XIII. Controverse élevée depuis l'arrêt ci-dessus . . . 30

§. XIV. Examen des argumens opposés à l'arrêt de 1807. 34

   1er Argument tiré de l'intitulé de la loi du 17 nivôse. 36

   2.e Argument tiré des termes de l'article 61 37

   3.e Argument tiré de la nature des droits successifs. 38

   4.e Argument tiré de la nature des donations . . . 39

   5.e Argument tiré d'une expression de l'art. 14 de
la loi du 17 nivôse 41

   6.e Argument tiré des articles 13 et 14 44

iv SOMMAIRES.

7.e Argument tiré de l'art. 10 de la loi du 22 ventôse. . . . . Pag. 47

8.e Argument tiré de quelques articles du Code Napoléon. 49

9.e Argument tiré de la nature des droits de communauté. 60

10.e Argument tiré du prétendu non remplacement des douaires. 62

§. XV. Dernière objection présumée 65

§. XVI. Résumé et conclusion. 66

DISSERTATION

Sur les Douaires coutumiers et autres Dons ou Avantages, que les anciennes Coutumes attribuaient au survivant des époux, sur les biens du prédécédé.

§. Ier. COURT RAPPEL DE LA LÉGISLATION ANCIENNE.

CHACUN sait que, dans la plus grande partie de la France, les anciennes lois interdisaient aux époux, la faculté de se faire aucuns dons et avantages après la célébration de leur mariage ; mais que, d'un autre côté, la plupart des coutumes attribuaient d'elles-mêmes, s'il n'y avait stipulation contraire, au survivant des deux époux, surtout à la femme, sur les biens du prémourant, des prélèvemens et avantages plus ou moins considérables, sous les dénominations de douaire, tiers-coutumier, préciput, augment, contre-augment, etc. : droits totalement distincts et indépendans de ceux de communauté ou société d'acquêts.

§. II. LÉGISLATION NOUVELLE.

Chacun peut se rappeler aussi, que dès le mois d'août 1793, un projet de *Code civil* fut présenté à la CONVENTION, par son comité de législation ; qu'il fut même décrété en entier, dans le courant de ce mois et le suivant, où commença le nouveau calendrier républicain ; que, dans les articles décrétés de ce Code, on avait adopté un système tout nouveau sur les successions et donations ; que, d'une part, on avait accordé aux époux la plus grande liberté de se faire des avantages, même pendant la durée de leur union, par tels actes que ce fût ; que, d'autre part, on avait singulièrement restreint, pour les autres personnes, la faculté de disposer aux préjudice de leurs héritiers légaux.

§. III. Code civil de 1793.

Voici notamment ce que portait l'article 26 du titre *des donations :*

    « *On ne peut donner, soit entre-vifs, soit à cause de*
» *mort, que le* DIXIÈME *de son bien, si on a des*
» *héritiers en ligne directe ; et que le* SIXIÈME, *si*
» *l'on n'a que des héritiers collatéraux.* »

L'article 3 du titre *des droits des époux*, portait au contraire :

    « *La loi permet aux époux de stipuler, soit dans*
» *leurs conventions matrimoniales, soit dans tous*
» *autres actes postérieurs à leur union ; toute espèce*
» *d'avantages, singuliers ou réciproques, à quelque*
» *quotité qu'ils puissent s'élever.* »

Art. 4. « *En cas qu'il y ait des enfans du mariage,*
» *tous dons de propriété faits à l'un des époux, se res-*
» *treignent à l'usufruit des choses données, et néan-*
» *moins cet usufruit ne pourra porter que sur la moitié*
» *des biens.* »

§. IV. Suspension du code. Lois provisoires.

Mais chacun peut aussi se rappeler que le Code étant

prêt à être publié, la promulgation en fut tout à coup suspendue, sur la réquisition d'un membre du Comité de salut public, sous prétexte que plusieurs parties avaient besoin d'être revisées.

Quelques jours après cette suspension prononcée, comme on peut le voir dans un décret du 21 vendémiaire, plusieurs membres observèrent qu'il ne pouvait y avoir aucun inconvénient à faire jouir dès à présent le peuple français, du bénéfice des articles qui avaient été décrétés concernant les successions, les droits des époux, et les enfans naturels ; et ils proposèrent de les détacher du Code, pour les publier, sans retard, en forme de lois particulières, faisant *appendice* au Code.

Sur cette motion, d'autres membres proposèrent de faire remonter l'effet de ces dispositions nouvelles aux premiers jours de la révolution, sur le motif que, dès cette époque, les principes de l'égalité, les droits de la nature et de la raison avaient été proclamés ; et que les nouveaux articles décrétés sur les successions et donations n'étaient que l'application de ces principes.

Il fut donc décrété (*le 21 vendémiaire an 2*), que ces articles seraient publiés incessamment.

En conséquence, parurent successivement les *Lois* des 5, 12 *brumaire*, *et* 17 *nivôse an 2.*

Voici d'abord ce que portait la *loi du 5 brumaire*, relativement aux époux.

§. V. Loi du 5 brumaire an 2.

Art. 2. « Les avantages *stipulés* entre époux *encore*
» *existans*, soit *par leur contrat de mariage*, soit par
» des actes postérieurs, *ou qui se trouveraient établis*
» *dans certains lieux par les coutumes, statuts ou*
» *usages, auront leur plein et entier effet.*
» Néanmoins, *s'il y a des enfans* de leur union, ces

» avantages ne pourront s'élever au-delà de la *moitié*
» *du revenu* des biens délaissés par l'époux décé-
» dé, etc. »

Art. 3. « La même disposition aura lieu à l'égard
» des *institutions, dons* ou *legs faits dans les actes de*
» *dernière volonté, par un mari à sa femme, ou par*
» *une femme à son mari*, dont les successions *sont ou-*
» *vertes*, même depuis la loi du 7 mars dernier. »

Plusieurs doutes s'étant élevés sur le sens de ces articles, ainsi que sur plusieurs autres de cette loi du 5
brumaire, un membre du comité de législation (le représentant *Bezard*) en fit le rapport à la Convention,
dans les premiers jours de nivôse; et, à la suite de ce
rapport, il proposa la nouvelle rédaction qui fut décré-
tée et qui a formé la loi si connue sous la date *du* 17
nivôse.

§. VI. RAPPORT QUI PRÉCÉDA LA LOI DU 17 NIVOSE.

Or, dans ce rapport, le législateur commence par
justifier l'article 2 ci-dessus transcrit. Il rappelle qu'on
n'a entendu aucunement toucher à tous les dons et avantages recueillis *avant le* 14 *juillet* 1789 ; que ce n'est
qu'à l'égard de ceux qui ne se sont ouverts et qui n'ont
été recueillis que depuis, qu'on a entendu appliquer les
nouvelles dispositions du Code, notamment la réduction à l'usufruit, en cas d'enfans; et, sur cela, il dit :

« Loin que les nouveaux principes ayent diminué la
» faveur des avantages *stipulés* entre époux, ils l'ont
» même étendue : les anciennes coutumes y avaient
» apporté des limitations que la morale publique a fait
» écarter lors de la discussion du Code civil.

» Cependant (dit-il), de ces mots *encore existans,*
» on a faussement conclu que vous aviez entendu reti-
» rer à tout conjoint dont l'époux était décédé à l'époque

» de la loi, l'effet des avantages *stipulés* et recueillis
» avant et depuis le 14 juillet 1789. C'est une équi-
» voque à faire cesser. »

Passant ensuite à *l'article* 3, ci-dessus transcrit, il
dit :

« Il y a encore ici une équivoque à faire disparaître.
» Quelques doutes s'étaient élevés sur la validité des *dis-*
» *positions entre époux* depuis la loi *du 7 mars*, qui
» défendait de tester en ligne directe. C'est pour les
» faire cesser, que l'on avait créé un article dont l'inten-
» tion était de *valider ce qui avait été fait entre époux,*
» *même depuis la loi du 7 mars.* . . . .

» Mais pourquoi s'occuper plus particulièrement ici
» des *institutions, dons* et *legs, que des avantages con-*
» *férés à un époux par d'autres actes ?* La raison de
» maintenir ou de restreindre est la même dans tous les
» cas ; et c'est ici qu'il convient de rapporter l'article
» dont on a plus haut fait sentir la nécessité. — C'est là
» que les institutions, dons et legs, se confondant avec
» les *autres avantages* FAITS *par une femme à son*
» *mari, ou par un mari à sa femme,* subsisteront dans
» leur intégrité, sous la seule modification, que s'ils
» n'ont été recueillis que *postérieurement* au 14 juillet
» 1789, et qu'il y ait des enfans, ils seront sujets à la
» conversion réglée par l'article 2. — Votre comité vous
» propose donc l'article suivant en remplacement de
» l'article 3 de la loi du 5 brumaire.

» *Les avantages légalement* STIPULÉS *entre époux,*
» *dont l'un est décédé le* 14 *juillet* 1789, *seront main-*
» *tenus au profit du survivant.* — A l'égard de tous
» *avantages échus et recueillis postérieurement, ou qui*
» *auront lieu à l'avenir, soit qu'ils résultent des* DIS-
» POSITIONS MATRIMONIALES, *soit qu'ils provien-*
» *nent d'institutions, dons entre-vifs, ou legs, faits*
» *par un mari à sa femme, ou par une femme à son*

» *mari ; ils obtiendront également leur effet ; sauf*
» *néanmoins leur conversion ou réduction en usufruit*
» *de moitié, dans le cas où il y aurait des enfans du*
» *mariage.* »

Déjà l'on voit que ces articles ne sont que la répétition des articles du Code, sur les droits des époux, précédemment décrétés ; et qu'à raison de l'effet rétroactif qui leur est donné, on distingue en trois classes les dons et avantages matrimoniaux.

1°. A l'égard de ceux ouverts et recueillis avant le 14 juillet 1789, ils sont maintenus sans aucune modification.

2°. A l'égard de ceux qui n'ont été recueillis que depuis, ou qui ne sont pas encore ouverts, soit qu'ils résultent de stipulations expresses, soit qu'ils résultent des coutumes, en faveur d'époux *encore existans*, c'est-à-dire, *mariés avant la loi nouvelle*, ils sont pareillement maintenus, mais sous la restriction de leur *réduction* à un simple usufruit, en cas d'enfans issus du mariage.

3°. Enfin, quant aux époux qui se marieront à l'avenir, liberté plénière de se faire tels dons et avantages que bon leur semblera, soit avant, soit à l'instant, soit après leur mariage, par actes entre-vifs ou par testament ; sauf toujours la réduction au simple usufruit, en cas d'enfans.

Déjà donc il est manifeste que les statuts des coutumes qui conféraient des gains ou dons aux époux, ne sont maintenus que quant aux personnes *déjà mariées*, et non quant aux époux futurs, puisque, d'une part, les dons résultans des statuts ne sont maintenus que quant aux époux alors *existans* ; et que, d'autre part, quant aux personnes qui se marieront *à l'avenir,* la loi nouvelle les affranchit de toutes les entraves des lois anciennes, leur confère la liberté la plus absolue de se faire, même pendant leur mariage, et jusqu'au dernier instant de leur union, telles libéralités qu'il leur plaira.

L'intention d'abolir ces statuts, de leur retirer toute espèce d'effet quant aux mariages *à venir*, se manifeste de plus en plus dans la suite du même rapport; et, entr'autres articles nouveaux que le rapporteur propose d'ajouter à la loi du 5 brumaire, on remarque notamment ceux-ci :

« *La présente loi est déclarée, dans tous ses points,*
» *commune à toutes les parties de la République. —*
» *Toutes lois, coutumes, tous usages et statuts relatifs*
» *à la transmission des biens, par droit de succession*
» *ou donation, demeurent abolis.* »

N'est-ce pas là formellement proscrire, abroger tous les anciens statuts qui attribuaient, aux époux survivans, des parts plus ou moins considérables sur les biens du prédécédé?

Pour qu'il n'y ait plus qu'une loi commune et uniforme dans toutes les parties de la République, sur la matière des successions et donations, notamment des dons et avantages entre époux, il faut nécessairement que les anciennes coutumes qui avaient des dispositions si diverses sur ce point, disparaissent, pour faire place à la loi nouvelle.

Toutes les corrections et additions proposées dans ce rapport, furent adoptées, comme on l'a déjà dit, et ont formé la *Loi du* 17 *nivôse an* 2 : loi dans laquelle les articles relatifs aux époux, aux dons statutaires, ainsi qu'aux dons conventionnels, sont ainsi définitivement arrêtés.

§. VII. Loi du 17 nivose an 2.

Art. 13. « Les *avantages*, singuliers ou réciproques,

(8)

» *STIPULÉS entre les époux encore existans*, soit par
» leur *contrat de mariage*, soit par des *actes postérieurs;*
» ou qui se trouveraient *établis dans certains lieux*,
» par les *coutumes, statuts* ou *usages*, auront leur
» *plein et entier effet*, nonobstant les dispositions de
» l'article 1er, auquel il est fait exception en ce point. »
(Par l'article 1er., étaient généralement annullées
toutes donations faites depuis le 14 juillet 1789, et
toutes institutions ou dispositions à cause de mort,
faites antérieurement, mais dont l'auteur était encore
vivant.)
« Néanmoins, s'il y a des enfans de leur mariage,
» ou d'un précédent, ces avantages,...... ne pourront
» s'élever au-delà de moitié du revenu des biens *délais-*
» *sés par l'époux décédé....... »*
Art. 14. « Les *avantages LÉGALEMENT STIPU-*
» *LÉS entre époux*, dont l'un est *décédé avant le* 14
» *juillet* 1789, seront *maintenus au profit du survi-*
» *vant.* — A l'égard de *tous autres avantages*, échus et
» recueillis postérieurement, *ou qui pourront avoir lieu*
» *A L'AVENIR, soit qu'ils résultent des DISPOSITIONS*
» *MATRIMONIALES, soit qu'ils proviennent d'institu-*
» *tions, dons entre-vifs, ou legs, faits* par un mari à sa
» femme, ou par une femme à son mari, ils *obtiendront*
» également *leur effet;* sauf néanmoins leur conversion
» ou réduction en usufruit de moitié, dans le cas où il
» y aurait des enfans, conformément à l'article 13 ci-
» dessus. »

Passant ensuite aux donations, autres que celles entre
époux, la loi dit :
Art. 15. « Les donations et dispositions faites par
» contrat de mariage, au profit des conjoints, depuis
» le 14 juillet 1789, et avant la promulgation de la loi
» du 5 brumaire dernier, par tous citoyens, parens ou

» non parens des époux , pourvu que les donateurs
» fussent sans enfans , sont aussi exceptées de la nullité
» prononcée par l'article 1er. de la présente loi...... »

Art. 16. « Les dispositions générales de la présente
» loi ne font point obstacle pour l'avenir, à la faculté
» de disposer du DIXIÈME de son bien , si on a des
» *héritiers en ligne directe ;* ou du SIXIÈME, si l'on
» n'a que des héritiers *collatéraux ,* au profit d'autres
» que les personnes appelées par la loi au partage des
» successions. »

. Passant ensuite à des dispositions générales, le législateur dit :

Art. 58. « La présente loi est déclarée , *dans tous*
» *ses points, commune à toutes les parties de la Ré-*
» *publique.* »

Art. 61. « *Au moyen des dispositions ci-dessus ,* la
» loi du 5 brumaire dernier, est déclarée comme non
» avenue. — *Toutes lois, coutumes, usages et statuts ,*
» *relatifs à la transmission des biens PAR SUCCESSION*
» *ou DONATION , sont également déclarés abolis :* —
» sauf à procéder au partage des successions, échues
» depuis et y compris le 14 juillet 1789, et de celles
» à venir, selon les règles qui vont être ci-après établies, etc.......... »

Comme on le voit, cette loi statue sur deux principaux objets : les *successions* et les *donations.*

Elle commence par s'occuper des *donations ;* et , à cet égard, elle distingue celles *entre époux ,* et celles entre tous autres individus.

Elle pose des règles générales , et elle établit des exceptions.

Sa première vue, son premier objet, c'est qu'on ne puisse disposer, par quelques actes que ce soit, au préjudice des héritiers qu'elle appelle aux successions; savoir : que du *dixième* de ses biens, si l'on a des héritiers en *ligne directe* ; et du *sixième*, si l'on n'a que des héritiers en *ligne collatérale*.

Et elle veut que cette règle générale remonte et s'applique, même aux successions déjà échues, à partir *du 14 juillet* 1789, jour où elle est censée avoir été proclamée par le seul fait de la révolution qui s'est opérée ce jour là dans les choses et dans les idées.

En conséquence, elle commence par annuller (*art.* 1er.) toutes les donations et institutions qui n'avaient pas encore été recueillies et consommées à cette époque, quoique faites par actes antérieurs, pour ensuite en modifier les effets conformément à la règle ci-dessus.

Puis aussitôt, exceptant et prenant dans une faveur toute particulière, les époux, ou conjoints par mariage, à l'égard desquels il est déjà décrété par le Code civil, qu'ils peuvent se faire tels dons et avantages que bon leur semble, par tels actes que ce soit, avant ou après le mariage, sauf seulement leur réduction à l'usufruit en cas d'enfans ; et voulant aussi faire remonter cette règle de réduction à l'usufruit jusqu'à l'époque du 14 juillet 1789 : la loi distingue les époux en trois classes :

Ceux mariés avant la révolution, et dont l'un est aussi décédé avant l'époque initiale de la révolution.

Ceux mariés avant cette époque, et qui vivent encore, ou dont l'un n'est décédé que depuis.

Ceux qui se marieront à l'avenir, ou qui, déjà mariés, voudront à l'avenir se faire des libéralités et avantages.

1°. A l'égard de ceux mariés *avant la révolution,* et dont l'un était aussi décédé *avant* l'époque initiale de la révolution, — *maintien absolu* de tous les dons et avantages qu'ils s'étaient faits et qui ont été recueillis avant cette même époque, sans aucune réduction, même au cas d'enfans.

2°. A l'égard de ceux mariés avant la révolution, qui

vivent encore tous deux, ou dont l'un n'est décédé que depuis le 14 juillet 1789, — maintien de tous les dons et avantages qu'ils s'étaient faits par contrats, ou qui leur étaient attribués *par les coutumes locales ;* sauf la réduction à l'usufruit, en cas d'enfans.

3°. A l'égard des personnes qui se marieront *à l'avenir,* ou qui, déjà mariés, voudront ajouter à leurs précédentes stipulations : libre à eux de se faire tels dons et avantages que bon leur semblera ; sauf toujours leur conversion en usufruit, en cas d'enfans. — Mais qu'ils n'attendent plus rien, *à l'avenir,* de la seule disposition des coutumes : car, à compter de ce jour, *au moyen des dispositions de la présente loi,* sur les donations, successions et avantages entre époux, toutes les anciennes coutumes sont *abolies* dans leurs dispositions sur les mêmes matières.

Tel est le résultat clair et exact de tout le système de la loi du 17 nivôse.

§. VIII. Explications qui suivirent la loi du 17 nivose.

En *ventôse* suivant, le même comité de législation crut devoir proposer à la Convention de donner de nouvelles explications sur un grand nombre de questions et pétitions qui lui avaient été adressées relativement à divers articles de cette loi *du 17 nivôse ;* et voici encore comment le rapporteur (le représentant *Berlier*) s'exprimait sur le chapitre des dons et avantages entre époux, dans le discours qui précédait le projet du nouveau décret proposé.

« Le règne de la nature et de la raison avait pris
» naissance *le 14 juillet* 1789. Faible encore à cette
» époque, il ne s'était, il est vrai, élevé à sa hauteur que
» depuis. Mais il avait commencé dès ce tems ; et sans

» rétroagir, vous avez voulu faire accorder ces effets
» avec leur cause. — Vous avez proclamé que les biens
» acquis à titre gratuit depuis cette grande époque,
» devaient être partagés, selon les règles que vous avez
» prescrites, entre ceux que la nature désignait pour
» les recueillir; et vous avez écarté les obstacles qui
» pouvaient résulter des dispositions contraires, soit de
» l'homme, soit des *statuts............* — Vous avez pensé
» que la loi ne devait contenir, à leur égard, aucune
» prohibition capable de rétrécir les moyens de félicité
» domestique, et *qu'une grande latitude devait accom-*
» *pagner et suivre les époux* dans ce principal état de
» la vie. »

Ainsi, comme on le voit, ce rapporteur, l'un des
principaux rédacteurs de la loi du 17 nivôse, était inti-
mement convaincu que cette loi du 17 nivôse renfermait *une législation nouvelle*, concernant les époux,
concernant les dons et avantages qu'ils peuvent se faire;
et qu'à cet égard les *anciens statuts ne subsistaient plus.*

« Mais tant de principes nouveaux (dit-il plus loin)
» ouvraient encore un vaste champ aux explications.
» *Enfin les DIVERS BÉNÉFICES DES STATUTS ont en-*
» *core été mis en avant*, pour apporter des modifica-
» tions à la loi; *comme si la législation des Français*
» *pouvait aujourd'hui n'être pas uniforme !* »
Nouvelle preuve que ce représentant ne faisait pas le
moindre doute que n'existaient plus les statuts divers qui
attribuaient des *bénéfices* quelconques sur les biens des
défunts; que n'existaient plus, par conséquent, les
douaires coutumiers, les gains de noces ou de survie,
qui étaient des *bénéfices* plus ou moins étendus, accordés par les statuts, sur les biens des époux prémourans;
qu'il ne devait plus y avoir d'autre transmission de leurs

biens, que celle résultante de la loi nouvelle, ou des dispositions qu'ils auraient faites en conformité de cette loi.

A la suite de ces réflexions fut proposée et adoptée la série de questions et réponses qui a formé la *Loi du 22 ventôse* : loi dans laquelle on trouve notamment les articles suivans.

§. IX. Loi du 22 ventose an 2.

Nº. 10. « Sur la dixième question, tendante *à ce* » *que les avantages conférés par les statuts aux époux* » *soient maintenus comme ceux qui ÉTAIENT l'effet* » *de la stipulation* : »
(Cette question se rapportait évidemment, comme on voit, au passé.)
« *Que cette identité sort évidemment des termes de* » *l'article* 13 *de la loi du* 17 *nivôse, qui maintient les* » DISPOSITIONS*, même* STATUTAIRES*, SUR LA FOI* » DESQUELLES LES ÉPOUX S'ÉTAIENT *engagés* ; » *tandis que l'article* 14 *leur permet de plus* (à ces » époux déjà engagés), *toute autre stipulation à l'ave-* » *nir :* latitude politique, qui fait assez apercevoir que » *le système restrictif n'est pas pour* LES DISPOSITIONS » *entre époux* ; sauf la réductibilité à l'usufruit de moi-» tié, en cas qu'il y ait des enfans. »
Voilà qui décide nettement que les époux qui *s'étaient engagés* sous la foi des anciens statuts, conservent les avantages à eux conférés par ces statuts ; que, *de plus*, ils peuvent, en vertu de la loi nouvelle, se faire à l'avenir, de plus amples avantages, de plus grandes libéralités, par des dispositions postérieures ; sauf réduction, en cas d'enfans. Mais ces avantages statutaires ne sont conservés que pour le passé ; à l'avenir, il n'y aura

d'avantages entre époux que ceux conférés par des dis-positions expresses. Voilà tout ce qui résulte de cette réponse, qui est en harmonie parfaite avec la loi du 17 nivôse.

Veut-on une nouvelle preuve de l'abolition de ces statuts, quant aux avantages qu'ils attribuaient, soit aux époux, soit aux enfans, sur les biens du prémourant : elle se trouve dans l'article suivant de la même loi.

N°. 49. « A ce que la loi prononce formellement
» sur la conservation ou l'abolition du *tiers-coutumier*,
» qui, en certains lieux, assurait aux enfans une por-
» tion du bien de leur père, en rendant, dans ses mains,
» cette portion non susceptible des transactions com-
» merciales ordinaires. »

RÉP. « *Qu'il ne peut y avoir qu'une LÉGISLATION*
» *UNIFORME EN FRANCE, et que l'article* 61 (de la
» loi du 17 nivôse), *abolissant les TRANSMISSIONS*
» *STATUTAIRES, la question se trouve résolue par ce*
» *seul point.* »

Ainsi, d'après cette réponse, il faut tenir, comme vérité constante, que par l'article 61 de la loi du 17 nivôse, *ont été abolies* toutes les *transmissions*, *dévo-lutions*, *attributions* de biens, résultantes des anciens statuts, parce qu'à ces anciens statuts a été substituée une législation nouvelle, une législation qui a établi de nouvelles règles sur la manière dont les biens des dé-funts seraient transmis aux vivans, tant par voie de succession que par voie de donation ; une législation qui embrasse singulièrement les avantages entre con-joints, et que le législateur veut être générale et uni-forme dans toute la France.

La même intention se manifeste dans plusieurs articles de la loi qui fut rendue le 9 fructidor suivant an 2, pour résoudre encore plusieurs autres questions qui avaient été proposées à la Convention.

§. X. Loi du 9 fructidor an 2.

N°. 9. « A ce qu'il soit décidé *si ce que certains* » *statuts ACCORDAIENT aux femmes, non à titre de* » *communauté, mais par DROIT DE PRÉCIPUT OU* » *D'HÉRÉDITÉ, sur certain genre de biens de leurs* » *maris, n'est qu'un avantage réductible à un usufruit* » *de moitié, lorsqu'il y a des enfans.* »

Rép. « Que la question *n'est pas douteuse pour la* » *réductibilité dans le cas prévu, ne pouvant être* » *question d'une appropriation à titre de bénéfice de* » *communauté, là où cette communauté n'existait* » *point.* »

D'abord, il est visible que la question n'est faite que relativement à une femme mariée avant la révolution, sous l'empire des anciens statuts; et la réponse, malgré sa briéveté, fournit deux solutions très-claires. La première, c'est que la loi nouvelle n'a pas entendu toucher aux *bénéfices de communauté,* aux biens que la femme a acquis à titre de *commune*, et qui sont sa *propriété*. La seconde, c'est que, quant aux parts ou avantages que certains statuts accordaient aux femmes sur certain genre de biens de leurs maris, *à titre de préciput ou d'hérédité*, ils sont réductibles, en cas d'enfans. Pourquoi? Parce que les lois les considèrent comme de véritables *donations ;* et que, dans le système de la loi nouvelle, toutes donations, même anciennement faites, mais dont l'effet ne s'est ouvert que depuis la révolution, sont réductibles aux termes du droit nouveau.

Ainsi, retenons donc bien ceci. La loi nouvelle considère comme *donation* et *hérédité,* tout ce que les anciens statuts *accordaient à la femme sur certain genre*

de biens du mari, à titre de préciput ou droit de survie.
Or, l'article 61 de la loi du 17 nivôse, a supprimé tous
les anciens statuts, dans leurs dispositions relatives à la
transmission des biens *par donation* ou succession. —
Donc les dispositions coutumières relatives aux *préci-*
puts, douaires, gains de survie, ont été supprimées par
ce même article 61.

N°. 24. « *A ce que les coutumes qui consacraient*
» *certains modes de partage, et celles qui établissaient*
» *UN DOUAIRE, même en faveur des enfans, soient*
» *déclarées abolies.* »

RÉP. « *Que l'article 61 de la loi du 17 nivôse ra-*
» *mène tout à l'uniformité, par l'abolition des cou-*
» *tumes sur le fait des dispositions, depuis le 14*
» *juillet 1789; et qu'ainsi la question proposée se*
» *trouve déjà AFFIRMATIVEMENT décidée par les*
» *termes généraux de la loi.* »

Comme on le voit, le législateur s'indigne en quelque
sorte du doute qu'on témoigne à l'égard de l'abolition
des douaires coutumiers. Ils sont tous abolis, répond-il
avec une sorte d'impatience, depuis le 14 juillet 1789,
par les dispositions générales de la loi du 17 nivôse, et
surtout par l'article 61. — Or, qu'était-ce que les
douaires coutumiers? Une attribution, une donation
que les coutumes faisaient d'elles-mêmes à la femme,
sur certains biens du mari, à titre de gain de noces, de
droit de survie; et qui, dans quelques coutumes seulement, était grevée de réversion au profit des enfans.
Et la réponse ci-dessus décide qu'ils sont abolis, tant à
l'égard de la femme qu'à l'égard des enfans.

§. XI. OPINION GÉNÉRALE : SENTIMENT DES COMMEN-
TATEURS DE LA LOI DU 17 NIVOSE.

Peu de mois après l'émission de la *Loi du 17 nivôse,*

et de celle *du 22 ventôse an 2*, parut, sous les auspices
et avec l'approbation des deux législateurs qui avaient
eu la plus grande part à sa confection (les représentans
Berlier et *Cambacérès*), une EXPLICATION de cette
même loi, par un ancien jurisconsulte, alors chef de
division au ministère de la justice, et depuis membre de
la première Cour de l'Empire (M. *Vermeil*); ouvrage
singulièrement remarquable par sa clarté, sa méthode
et sa précision; qui a été dans les mains de tous les gens
de loi, dont toutes les propositions ont été constamment regardées comme aussi certaines, aussi authen-
tiques que la parole des législateurs mêmes.

Or, à la section 3 de cette explication, *des contrats
et des donations entre époux*, voici ce qu'on lisait et
ce qu'on peut lire encore, page 150:

*Des STATUTS qui formaient le contrat civil des
parties, à défaut de stipulation de leur part.*

« La diversité de ces statuts prenait sa source dans
» l'ancien régime féodal, etc...... Ces statuts formaient
» les conventions de mariage des parties, quand elles
» n'annonçaient pas d'intentions contraires. *Ils déter-*
» *minaient les avantages que le mariage donnait à la*
» *femme, sur les biens du mari, soit sous le titre de*
» *DOUAIRE, soit sous celui de TIERS-COUTUMIER,*
» *soit sous celui d'AUGMENT et de GAINS NUPTIAUX.*
» *Mais tous ces statuts, en ce qu'ils ont de relatif à la*
» *transmission des biens, étant anéantis par la légis-*
» *lation nouvelle (Loi du 17 nivôse, art. 61), il est*
» aujourd'hui plus nécessaire que jamais de régler, lors-
» qu'on se marie, les conventions civiles du mariage. »

« Lorsque *la législation nouvelle a aboli tous ces*
» *statuts locaux, dont la diversité et la bizarrerie*
» *ne pouvaient se concilier avec l'unité du Gouverne-*
» *ment,* elle n'a point entendu empêcher les parties

» contractantes de faire entr'elles *telles conventions*
» *qu'elles jugeraient à propos*, non-seulement eu égard
» à leur communauté.........; mais encore *relative-*
» *ment à leurs avantages respectifs*, pourvu que ces
» conventions ne soyent pas contraires à quelque dis-
» position prohibitive......... »

De la Stipulation du douaire au profit de la femme.

« Le statut qui accordait ce douaire à la femme,
» *étant supprimé, il ne peut plus avoir lieu, à moins*
» *que les parties contractantes ne conviennent ex-*
» *pressément d'un avantage quelconque qui le rem-*
» *place*, etc.............. »

Quelques années après, parut un autre ouvrage d'un
jurisconsulte estimé (M. *Levasseur*), sous le titre
de TRAITÉ DES AVANTAGES ENTRE ÉPOUX; et à la
section 2, *des avantages entre époux par la volonté de
la loi*, voici ce qu'il disait, page 22 :

« L'ancien droit admettait plusieurs avantages, qui,
» par le seul fait du mariage, et sans aucune conven-
» tion, avaient lieu entre époux, au profit du survi-
» vant, sur les biens du prédécédé. *Ces avantages n'ont*
» *plus lieu maintenant, d'après l'article* 61 *de la loi*
» *du* 17 *nivôse, qui proscrit tout avantage légal, toute*
» *transmission statutaire, à titre gratuit, pour n'ad-*
» *mettre que la succession.* »
Il observe que si la dénomination précise *d'avantages
légaux entre époux*, ne se trouve pas dans l'article 61,
il n'est cependant pas permis de douter qu'il a été dans
l'intention des législateurs d'alors de les y comprendre,
ainsi qu'ils s'en sont expliqués dans deux articles des
lois additionnelles des 22 ventôse et 9 fructidor suivant.
« Une première pétition, dit-il, fut présentée, ten-

» dante à ce que la loi prononçât formellement sur la
» conservation ou l'abolition du tiers-coutumier.

(Le tiers-coutumier était, ajoute-t-il en note, l'expression usitée dans la ci - devant Normandie, pour
exprimer le douaire fixé au tiers par la coutume de cette
province.)

» Il fut répondu (*Décr. du 22 vent., 49ᵉ disposit.*),
» *qu'il ne peut y avoir qu'une législation uniforme ; et*
» *que l'article 61 abolissant les transmissions statu*
» *taires, la question se trouvait résolue affirmativement*
» *par ce seul point.*

» Une seconde pétition fut adressée, tendante à ce
» que les coutumes qui établissaient *un douaire, même*
» *en faveur des enfans*, fussent déclarées abolies. — Il
» fut répondu (9 *fructid.*, *disp.* 24), *que l'article 61*
» *de la loi du 17 nivôse, ramène tout à l'uniformité,*
» *par l'abolition des coutumes sur le fait des disposi*
» *tions ;* et qu'ainsi la question proposée se trouve
» *affirmativement décidée* par les termes généraux de
» la loi.

» *Ces deux explications,* continue-t-il, *données par*
» *les législateurs eux-mêmes, ne laissent pas lieu de*
» *douter que, par l'article 61, ils n'ayent entendu*
» *abolir toute transmission statutaire des biens du*
» *défunt, résultante des lois anciennes, et transmettre*
» *la totalité de ses biens à ceux désignés héritiers par*
» *les articles suivans, sans aucun égard aux statuts*
» *qui les transféraient, sous un autre titre, à toute*
» *autre personne ; en conséquence, abolir tout avan*
» *tage légal résultant des lois précédentes.*

» *Le vrai sens de l'article 61 étant fixé,* continue-t-il,
» on voit *qu'il n'y a plus lieu, au profit soit du sur*
» *vivant*, soit des enfans, *aux avantages résultans de*
» *la seule volonté de la loi.*

» Tels sont, entr'autres, 1°. le *douaire*, etc........

2*

» 2°. le *tiers-coutumier*, etc......... les avantages légaux
» usités en pays de Droit écrit, entr'autres, l'augment
» de dot, etc........... »

Telle était si bien l'opinion générale, l'opinion des
notaires de Paris surtout, que l'un d'eux, professant
les règles du notariat dans une école publique, s'exprimait ainsi *sur le douaire* (1) :

« Quoique le *douaire* soit *aboli*, il est bon cependant
» de connaître les effets qu'il produisait......... — Il était
» ou coutumier ou préfix.......... — Le douaire coutu-
» mier était celui qu'accordait la coutume des lieux........
» — Ce douaire était toujours dû sans être stipulé par
» le contrat de mariage ; la coutume y suppléant et
» servant en ce cas de contrat public..........
» Tout *douaire*, soit coutumier, soit préfix, qui
» était *ouvert avant* la loi du 5 brumaire an 2, doit
» obtenir l'exécution que lui accordaient les anciennes
» lois.......... — La *loi du* 5 *brumaire an* 2 est venue
» d'abord apporter *quelques restrictions aux avantages*
» *entre époux.* L'article 2 porte, etc., etc.
» La loi du 5 brumaire an 2 n'avait fait que réduire
» les avantages résultans des statuts. *La loi du* 17 *ni-*
» *vôse abolit toutes les transmissions statutaires* (art.
» 61). — *Ainsi, les douaires coutumiers*, réduits seu-
» lement par la loi du 5 brumaire an 2, *furent abolis*
» *par la loi du* 17 *nivôse.* »

Ce fut aussi l'opinion de M. *Bergier*, l'annotateur de
Ricard, membre du Corps législatif pendant plusieurs
sessions, qui, en l'an 9, publia une INSTRUCTION, très-
utile, *sur l'exercice de la faculté de disposer à titre*

---

(1) *Le Nouveau Parfait Notaire*, par M. *Massé.* Tom. 1er,
pag. 320.

gratuit, dans laquelle il traite notamment des *dispositions entre époux*, d'après la loi du 17 nivôse, à laquelle la loi du 4 germinal an 8 avait déclaré n'entendre rien changer en ce qui concerne les époux.

Ce fut enfin celle de M. le Procureur-général *Merlin*, exprimée dans plusieurs endroits de ses savans plaidoyers, singulièrement dans celui qu'il prononça à l'audience de la section civile de cassation, le 28 messidor an 12, sur le pourvoi du sieur *Réné des Landes*, contre un jugement du tribunal d'appel de Caen, du 6 prairial an 10, confirmatif d'un jugement du tribunal d'Avranches, qui avait jugé que les enfans issus d'un mariage contracté en Normandie avant la révolution, avaient droit au *tiers-coutumier* établi par la coutume, bien qu'il n'eût été ouvert que depuis la loi du 17 nivôse an 2; attendu, suivant ce jugement, qu'ils avaient été saisis de ce droit dès l'instant du mariage, et qu'une loi postérieure n'avait pu y porter atteinte. — M. *Merlin* s'attache à démontrer que le *douaire*, appelé en Normandie *tiers - coutumier*, n'était qu'une *expectative statutaire*, un *droit successif*, qui ne transférait aucun droit de propriété, ni à la femme ni aux enfans, tant qu'il n'était pas ouvert par la mort du mari ou du père; que ce droit statutaire avait été bien certainement aboli par l'article 61 de la loi du 17 nivôse; et que les enfans, en faveur desquels ce droit n'avait pas été ouvert avant la loi du 17 nivôse, ne pouvaient prétendre l'exercer sur des successions ouvertes postérieurement. Puis, combattant l'argument tiré de quelques termes de la coutume, qui semblaient dire que la femme et les enfans étaient saisis de la propriété des biens destinés au douaire, du vivant même du mari, il dit (page 203, tome 9, *des Questions de droit*) :

« Pure équivoque ! Le douaire ne peut, avant son

» ouverture, souffrir aucune altération au préjudice de
» la femme ; le mari ne peut l'en priver ; la femme ne
» peut pas y renoncer ; c'est pour elle un droit irrévo-
» cable. Mais lui est-il, à proprement parler, *acquis*
» pendant le mariage ? Non, certes. Il n'est, pendant
» le mariage, que ce qu'étaient pour les enfans, du
» vivant de leur père, les droits d'aînesse et de dévolu-
» tion ; c'est-à-dire, *une expectative* à laquelle la volonté
» de l'homme ne peut déroger, mais que la loi peut
» anéantir quand il lui plait ; en un mot, *une expecta-*
» *tive purement statutaire. Et cela est si vrai, que,*
» *sans les articles* 13 *et* 14 *de la loi du* 17 *nivôse, qui,*
» *par une faveur particulière, ont expressément con-*
» *servé cet avantage aux femmes DONT LES MARIS*
» *VIVAIENT ENCORE AU MOMENT DE SA PROMULGA-*
» *TION, les femmes, comme nous le verrons bientôt, EN*
» *AURAIENT ÉTÉ DÉPOUILLÉES, PAR LE SEUL EFFET*
» *DE LA DISPOSITION GÉNÉRALE, QUE RENFERME*
» *L'ARTICLE* 61 *DE CETTE LOI.* »

On ne peut articuler plus énergiquement que tous
les douaires coutumiers, tous les gains de survie accordés par les coutumes aux femmes sur les biens des
maris, ont été abolis par l'article 61 de la loi du 17
nivôse, pour l'avenir ; et que cette loi n'a fait exception
à cette abolition, qu'en faveur des femmes mariées auparavant.

M. *Merlin* développe les preuves de cette vérité,
d'une manière encore plus explicite, *page* 205 *du même*
discours. — Il répond à l'objection qu'on lui faisait,
qu'il était de principe de regarder les dispositions des
coutumes sur les droits des époux et des enfans, comme
écrites et stipulées dans tous les mariages qui avaient eu
lieu sous leur empire ; et il dit :

« *Oui, sans doute, dans les contrats de mariage, le*

» silence des époux est suppléé par les dispositions de
» la loi; mais pour quels effets? POUR DEUX SEU-
» LEMENT : pour tout ce qui constitue l'ÉTAT, pro-
» prement dit, des époux, et pour tout ce qui tient à
» la COMMUNAUTÉ DES MEUBLES ET DES CONQUÊTS.

» Ainsi, un homme et une femme domiciliés en
» France, s'y marient sans contrat. Il est certain que
» la femme sera *sous la puissance de son mari, et qu'il*
» *y aura communauté de meubles et de conquêts entre*
» *l'un et l'autre.* Il est certain, par conséquent, que la
» femme ne pourra pas, sans l'autorisation de son
» mari, aliéner les biens qu'elle peut avoir en pays
» étranger; et il est également certain que si le mari
» fait, en pays étranger, quelques acquisitions, elles
» seront de plein droit communes entre lui et sa femme.

» *Mais là s'arrête, pour les contrats de mariage, le*
» *principe des conventions présumées.* Si on l'étendait
» plus loin (dit *Boullenois* dans son *traité des statuts*
» *réels et personnels,* tome 2, page 238), il faudrait
» donc régler le douaire, par rapport à des conjoints
» mariés et domiciliés à Paris, par la disposition de la
» coutume de Paris, en quelque endroit que le mari se
» trouvât avoir des biens, etc..........

» *De là que devons-nous conclure,* PAR RAPPORT
» *AU DOUAIRE COUTUMIER DES FEMMES MARIÉES*
» *AVANT LA LOI DU* 17 *NIVOSE AN* 2, *et devenues*
» *veuves seulement depuis? C'est, comme nous l'avons*
» *dit, que* SI LES ARTICLES 13 ET 14 DE CETTE LOI
» *N'Y AVAIENT PAS POURVU, PAR UNE DISPOSITION*
» *DÉROGATOIRE aux principes universellement recon-*
» *nus jusqu'alors,* CE DOUAIRE EUT ÉTÉ ÉTEINT PAR
» *LA DISPOSITION GÉNÉRALE DE L'ARTICLE* 61 DE
» *CETTE LOI.*

» *Et ce n'est pas au hasard que nous avançons ceci :*
» nous ne faisons que vous exprimer une opinion con-

» sacrée, il y a plus de deux siècles, par deux arrêts
» solennels du parlement de Paris. — Écoutons *Louet*,
» lettre C, § 6 : « *Françoise Quentin* fut mariée avec
» *Pierre Pillet* en 1557, avant la réformation de la
» coutume de Touraine. Son mari décéda en 1584,
» après la réformation de la coutume. — Par l'ancienne
» coutume, le survivant avait la jouissance de tous les
» acquêts, moitié en propriété, moitié en usufruit,
» *etiam liberis ex quocumque matrimonio existenti-*
» *bus.* Par la coutume réformée, la jouissance de ces
» acquêts n'appartenait au survivant que pour la part
» des enfans du second lit, et pendant leur puberté
» seulement. — *Question de savoir si l'on devait, pour*
» *les droits de survie de Françoise Quentin, s'en rap-*
» *porter à la coutume qui était en vigueur au tems de*
» *la célébration du mariage, ou suivre celle qui régis-*
» *sait les biens à l'époque de la mort de Pierre Pillet.*
» —Pour le premier parti, on disait (ce sont les termes
» de *Louet*), que les coutumes étaient comparées aux
» contrats, pour en avoir les mêmes effets : *ut in con-*
» *tractibus tempus contractus, ità in his statutis tempus*
» *statuti spectandum erat ;* que les contractans ne pou-
» vaient prévoir une réformation de coutume et une
» nouvelle loi ; que par le contrat de mariage, *jus quæ-*
» *situm erat ;* qu'on ne s'était point donné la peine de
» stipuler ce que la loi municipale accordait ; que la
» coutume réformée *futuris non præteritis dabat for-*
» *mam negotiis ;* qu'elle n'était point un droit acquis
» par un contrat de mariage subsistant de soi. — Mais
» ces raisons furent repoussées ; et par arrêt *rendu à*
» *mon rapport* (continue *Louet*), le 17 octobre 1587,
» il fut jugé, comme il l'avait déjà été par un autre
» rendu en la même coutume de Touraine, le 23 dé-
» cembre 1580, que *quand les futurs conjoints con-*
» *tractent sous la loi du statut ou de la coutume, sans*

» *y avoir de stipulation expresse d'un douaire préfix ;*
» *cela s'entend de la coutume qui aura lieu lors de la*
» *dissolution de la communauté, ce droit n'en étant*
» *pas plutôt acquis.* »

» *Et s'il est ainsi, par rapport aux époux entr'eux,*
» *si jamais ils ne peuvent être censés, en se mariant*
» *dans le territoire d'une coutume, avoir, par leur*
» *silence, stipulé au profit de celui des deux qui sur-*
» *vivra l'autre, le douaire ou le gain de survie que*
» *cette coutume accorde au survivant,* à combien plus
» forte raison doit-il en être de même par rapport aux
» enfans ! etc.......... »

Ainsi, ce savant magistrat décide et établit bien nettement que les dispositions des anciennes coutumes ne
suppléaient au silence des époux, et n'étaient réputées
former leur contrat tacite, qu'en deux points, et pour
deux objets seulement ; savoir : 1°. pour ce qui constitue *leur ÉTAT matrimonial*, proprement dit ; c'est-à-
dire, leur dépendance ou indépendance réciproque,
relativement à la faculté de contracter, d'aliéner, d'ester
en justice, etc. ; 2°. *la COMMUNAUTÉ des meubles et
des conquêts.* — Que là s'arrête, pour les contrats de
mariage, le principe des *conventions présumées ;* que
tout ce qui excède ces deux objets dans les coutumes,
comme les douaires et autres dons ou avantages conférés à l'un ou à l'autre époux, en cas de survie, sur les
biens personnels du prédécédé, ne peut être considéré,
dans le silence des époux, comme l'effet d'un contrat
tacite de leur part, mais bien d'une pure libéralité émanée
de la seule volonté de la loi ; libéralité que, par conséquent,
le législateur est parfaitement le maître de modifier, de
changer, de supprimer entièrement quand il lui plaît,
sans qu'on puisse le taxer de rétroagir, tant que ces
droits ne sont pas échus et acquis par l'évènement de la
condition à laquelle ils sont subordonnés.

Puis il conclut que l'article 61 de la loi du 17 nivôse a très-certainement aboli les douaires coutumiers et autres dons purement statutaires; et que si les articles 13 et 14 de la même loi n'avaient pas excepté de cette abolition, par une faveur toute particulière, les époux mariés auparavant, ils en eussent été frappés incontestablement d'après les principes reçus jusqu'alors. — Ce qui est bien affirmer qu'à l'égard des époux qui n'ont été mariés que *depuis* la loi du 17 nivôse, ils ne peuvent plus prétendre, en vertu des anciennes coutumes, à aucun droit ou avantage autres que ceux résultans de la communauté conjugale ; qu'ils ne peuvent réclamer que les dons et avantages résultans de dispositions expresses, soit contractuelles, soit testamentaires. — Pourquoi? Parce que la loi a créé un nouveau système de successions et de donations ; qu'elle a attribué aux héritiers légaux des défunts, généralement tous les biens par eux délaissés, à l'exception de ceux-là seulement dont ils auraient disposé d'une manière conforme aux règles établies par cette même loi.

M. *Grenier*, dans son *Traité des donations et testamens d'après les principes du Code Napoléon*, s'écarte de l'opinion de M. *Merlin*, en ce point seulement : qu'il pense que les femmes mariées sous l'empire des anciennes coutumes avaient eu, dès le jour de leur mariage, un droit irrévocablement acquis au douaire et autres gains nuptiaux, en telle sorte qu'aucune loi postérieure ne pouvait les leur enlever ou les modifier, sans tomber dans le vice de rétroactivité, bien que la condition suspensive de survie ne se soit accomplie qu'après l'abrogation des coutumes. Pourquoi il estime que les femmes mariées sous l'empire des anciennes coutumes, et dont les maris ne sont décédés que depuis le Code Napoléon, qui, de l'aveu de tous, a achevé d'abolir toutes les dispositions des coutumes, ont droit au douaire et autres gains de survie, tels qu'ils étaient réglés par ces coutumes.

Puis, aussitôt, il ajoute (*page 475, tome 2*) :

« Mais il y a, à ce sujet, deux observations impor-
» tantes à faire.

» La première est que tout ce qui vient d'être dit sur
» le douaire coutumier *concerne seulement les femmes*
» *mariées AVANT la publication de la loi du 17 ni-*
» *vôse an 2.* C'était *uniquement alors* qu'on pouvait
» dire qu'il y avait un douaire acquis par le seul minis-
» tère de la coutume. En effet, de la manière dont les
» articles 13 et 14 de cette loi sont conçus, ces articles
» réduisent toutes les dispositions entre époux à l'usu-
» fruit de la moitié des biens, dans le cas où il y aurait
» des enfans; et cette loi permettant entre époux toutes
» dispositions quelconques, lorsqu'il n'y aura pas d'en-
» fans, il en résultait *l'abolition*, *pour l'avenir*, *de*
» *toutes les coutumes relativement au douaire et autres*
» *gains de survie. Cette conséquence se tirait encore de*
» *l'article* 61 de la même loi, de l'article 49 de la loi
» du 22 ventôse, ainsi que des articles 24 et 34 de celle
» du 9 fructidor an 2, etc. »

§. XII. JURISPRUDENCE, AUTORITÉS.

C'est aussi d'après cette distinction que la Cour de cassation et la majorité des Cours d'appel, se sont diri-gées dans les décisions qu'elles ont portées jusqu'ici sur cette matière.

Première espèce. — *Marguerite Cloes*, veuve d'*An-toine Putzeis*, de qui elle avait des enfans, se marie en secondes noces à *Arnold Boes*, sous l'empire de la coutume de *Looz*, pays de Liége, avant la conquête; elle y meurt postérieurement à la publication des lois françaises. *Arnold Boes*, son mari, prétend retenir tout le mobilier en propriété et l'usufruit des immeubles, en vertu de la coutume. — Jugement de première instance qui le condamne à en relâcher la moitié. — Arrêt de la Cour d'appel de Liége, qui décide le contraire, attendu que le mariage avait eu lieu avant la publication de la loi du 17 nivôse. — 27 *germinal an* 12, Arrêt de la Cour de cassation, qui rejette le pourvoi des enfans, par le même motif.

Deuxième espèce. — En 1761, mariage entre *Henri Goossens* et *Marie Vandenschrick*, sous l'empire de la coutume de *Louvain*, qui pareillement attribuait au survivant la propriété de tous les meubles, et l'usufruit de tous les immeubles du prédécédé. — Mort du mari en l'an 10, sans aucune disposition. — Demande du fils contre la veuve, à fin de partage. — Jugement qui la rejette. — Arrêt confirmatif de la Cour de Bruxelles. — 8 *prairial an* 13, Arrêt de la Cour de cassation, qui rejette ce pourvoi, ainsi motivé : « Attendu que les » expressions littérales et les dispositions combinées de » la coutume de Louvain (titre 12, *des droits des gens* » *mariés*, art. 13 et 14; tit: 15, *des testamens*, art. 2; » et tit. 16, *des bâtards*, art. 1er.), ne peuvent laisser » aucun doute sur l'irrévocabilité des avantages ou gains » de survie que cette coutume accorde au survivant des » époux, quant à l'usufruit des immeubles, et à la » propriété des meubles et choses réputées de même » nature; que, dans l'espèce, les droits et avantages » ainsi irrévocablement acquis à la veuve *Goossens*, dès » le jour de son mariage, contracté sous l'empire et sur » la foi de la coutume de Louvain, n'auraient pu rece- » voir d'atteinte qu'autant que la loi du 17 nivôse an 2 » aurait rétroagi sur les unions formées avant sa pro- » mulgation; mais que l'effet rétroactif qu'elle devait » avoir, ayant été révoqué par les lois de fructidor an 3

» et vendémiaire an 4, les droits et avantages sont
» restés dans leur état primitif d'irrévocabilité, etc. »

Troisième espèce. — Le 18 frimaire an 11, mariage,
sans contrat, entre *Jean-Herman Stasseyns*, et *Marie
Box*, dans le ci-devant comté de *Looz*. — Le 13 vendémiaire an 13, décès du mari sans enfans. — Prétention
de sa veuve à la propriété de tous les meubles et à l'usufruit de tous les immeubles, tant conquêts que propres,
en vertu de la coutume. — 6 *pluviôse an* 13, Jugement
du tribunal civil de Hasselt, qui, « Attendu que les
» époux se sont mariés *après* la publication de la loi
» du 17 nivôse an 2, qui déclare (art. 61) abolis toutes
» les coutumes, usages et statuts relatifs à la transmis-
» sion des biens par succession ou donation ; — Atten-
» du que les avantages matrimoniaux conférés par les
» statuts, sont seulement conservés, par l'article 17 de
» cette loi, *entre les époux existans à l'époque* de la
» publication de cette loi ; — Attendu que la deman-
» deresse qui s'est mariée sans dispositions matrimo-
» niales et sans toute autre stipulation, ne peut pré-
» tendre que *la moitié* des meubles *de la communauté*,
» et *la moitié* des *immeubles acquis pendant le ma-*
» *riage :* — Déclare la demanderesse non fondée, etc. »

— 21 *prairial an* 13, Arrêt de la Cour d'appel de
Liége, qui, adoptant les motifs des premiers juges,
met l'appellation au néant.

Il est à observer que cet arrêt, dans son exposé,
faisait mention de *quatre précédens arrêts* par lesquels
il avait déjà été jugé que les gens mariés depuis la publication de la loi du 17 nivôse, ne pouvaient plus prétendre aux avantages résultans de la seule disposition des
coutumes qui avaient été abolies en ce point par ladite
loi du 17 nivôse.

Recours en cassation par la veuve ; et, *le* 20 oc-
tobre 1807, ARRÊT CONTRADICTOIRE, ainsi conçu :

« Attendu que la loi du 17 nivôse ayant introduit de
» *nouvelles règles sur les avantages à stipuler entre*
» *époux*, a aboli les lois, coutumes, usages et statuts
» relatifs à *la transmission des biens, soit par succes-*
» *sion ou donation ; et que par conséquent les époux*
» *qui ont contracté mariage depuis cette loi, ne peuvent*
» *réclamer ceux qui résultaient d'anciens statuts : —*
» La Cour rejette le pourvoi, etc. » (Plaidant, Mᵉ. *Coste*
pour la demanderesse en cassation ; Mᵉ. *Guichard* pour
le défendeur.)

Ainsi, par cet arrêt, il fut solennellement décidé en
principe, 1°. que la loi du 17 nivôse *avait introduit de
nouvelles règles sur les avantages à stipuler entre époux;*
2°. qu'elle a de plus *aboli toutes les coutumes, tous les
statuts et usages relatifs aux transmissions de biens,
par succession et donation;* 3°. *que les époux qui
ont contracté mariage depuis cette loi, ne peuvent
réclamer les avantages qui résultaient des anciens statuts.*

§. XIII. Controverse élevée depuis l'arrêt ci-dessus.

Cet arrêt, qui décidait si positivement une question
si importante, a été répandu, publié dans toutes les
parties de l'Empire par les feuilles périodiques, consi-
gné dans tous les recueils judiciaires : aussi a-t-il été
pendant quelques années la boussole des jurisconsultes
et des tribunaux devant lesquels la même question s'est
présentée.

Mais une opinion contraire, consignée dans un ouvrage public, et aussi imposante par le nom de son
auteur que par le talent avec lequel elle est dévelop-
pée, a fait renaître le doute et rallumé le feu de la
dispute.

Entraînées par le prestige de cette opinion, on dit

que plusieurs Cours d'appel ont récemment rendu des arrêts diamétralement contraires à la décision contenue dans celui de la Cour de cassation, *du 20 octobre 1807.*

On cite notamment deux arrêts de la Cour de Metz, *des 21 juin et 10 novembre 1808,* et un arrêt de la Cour d'appel de Bruxelles, *du 16 février 1809.*

Ainsi, d'une part, voilà un arrêt de la Cour de cassation qui, en maintenant deux jugemens conformes des tribunaux du pays de Liége, proclame que la loi du 17 nivôse an 2 a aboli tous les statuts locaux relatifs aux gains et droits de survie des époux, aussi-bien que ceux relatifs aux autres dons et attributions des coutumes en faveur d'autres personnes ; que par conséquent les époux qui se sont unis depuis la promulgation de la loi du 17 nivôse, ne peuvent plus se prévaloir des dispositions des anciennes coutumes qui conféraient au survivant des avantages plus ou moins considérables, sur les biens du prédécédé.

D'autre part, voici des arrêts de Cours d'appel, qui, bravant cette décision suprême, jugent tout le contraire, et par des motifs qui semblent avoir eu pour but de faire la censure de ceux de l'arrêt de la Cour de cassation.

Un des plus grands abus de l'ancien régime, était celui résultant de la diversité des jurisprudences : il était contre toutes les règles d'une bonne administration, que la même loi produisît des effets tout différens dans les diverses parties du même État. C'est principalement pour remédier à cet abus, pour en empêcher le retour, que la Cour de cassation fût instituée. Et nous voici près d'y retomber.

Combien de mariages contractés dans l'intervalle de la publication de la loi du 17 nivôse an 2, à celle du Code Napoléon ! c'est-à-dire, pendant un espace de dix années ; mariages dont la dissolution s'opère de jour en jour par des décès qui se succéderont encore pendant long-tems.

Or, ici, l'on jugera que sans stipulation, par le seul effet de l'ancienne coutume, et nonobstant la loi du 17 nivôse, l'époux survivant a droit de recueillir la moitié, les trois quarts, quelquefois la totalité des biens du pré-décédé. Là, au contraire, on jugera que l'époux survivant n'a droit à aucun des avantages qui lui étaient attri-bués par l'ancienne coutume, comme étant abolis par la loi du 17 nivôse. Placés dans les mêmes circons-tances, soumis aux mêmes lois, ces époux survivans seront traités si différemment !

La loi du 17 nivôse fut portée pour être uniformé-ment observée dans toutes les parties du territoire fran-çais, pour faire cesser l'insupportable diversité des cou-tumes, sur le fait des successions, des dispositions à titre gratuit, des avantages entre époux ; pour qu'il n'y eût à cet égard qu'une seule législation dans tout l'Em-pire. Point du tout ; elle ne sera observée que dans telle partie de la France ; dans telle autre, elle sera éludée. Dans tel ressort, elle sera entendue et exécutée de cette manière. Dans tel autre ressort, elle sera entendue et appliquée d'une manière toute opposée. Ici, confor-mément à cette loi, les enfans recueilleront tous les biens de leur père ; sauf la partie dont il aura disposé en usufruit au profit de leur mère. Là, au contraire, la veuve emportera la presque totalité des biens du père, au préjudice des enfans, alors même qu'il n'aura fait aucune disposition en sa faveur.

Une telle discordance dans les effets donnés à la même loi, est-elle compatible avec une bonne admi-nistration de la justice, avec les vues d'un Gouverne-ment qui veut par-dessus tout l'unité des lois et l'uni-formité de leur exécution ?

« *Il n'est point d'agrégation à qui le ciel ait départi*
» *le privilége de ne jamais se tromper* » (dit un des
censeurs de l'arrêt de la Cour de cassation, *du 20 oc-*
tobre 1807) : « *il y a si peu de contact entre l'art.* 61
» *de la loi du* 17 *nivôse, et la conséquence que l'arrêt*
» *y attache ; cet arrêt effacerait tant de droits légi-*
» *times,* QU'ON A LIEU DE CROIRE QU'IL NE FIXERA
» PAS LA JURISPRUDENCE DES SECTIONS RÉUNIES. »

Non, sans doute, il n'est aucune agrégation, si éclai-
rée qu'elle soit, qui ait reçu du ciel le privilége de ne
jamais se tromper. Mais la pire des aberrations dans
laquelle puisse tomber une magistrature instituée pour
maintenir l'unité de législation dans un État, c'est de
varier dans ses décisions, c'est de donner elle-même
l'exemple de l'instabilité dans ses jugemens sur les
mêmes questions ; car, alors, plus d'unité de lois ; plus
de principes fixes ; plus de droits assurés. Les justiciables, les conseils et les juges, flottans dans une in-
certitude continuelle, ne savent plus quelle route suivre,
ni à quelle règle s'attacher. De là des procès sans cesse
renaissans sur les mêmes points.

Toutefois, après une première décision rendue sur une
question encore neuve, par une seule des sections du corps
institué pour maintenir l'uniformité de jurisprudence,
cette section éprouve-t-elle des doutes, et en conséquence, si la même question se représente, veut-elle
s'entourer d'un plus grand concours de lumières, veut-
elle enfin qu'elle soit portée aux *sections réunies*, ainsi
que semble le demander le jurisconsulte cité plus haut ?
Alors, que doit-elle faire ? Ce n'est pas de se rétracter,
ainsi que semble le prédire un autre écrivain, qui s'érige
aussi quelquefois en critique de ses arrêts ; mais, au
contraire, de persévérer dans sa première décision. Car,
alors seulement, et au cas d'un nouvel arrêt rendu par

la Cour de renvoi conformément à celui cassé, il y aura lieu de convoquer toutes les sections. Par cette marche seulement, on pourra remonter jusqu'à la source du pouvoir, et parvenir à faire parler le législateur lui-même.

Mais, dans l'état des choses, faire un pas rétrograde! la même section rendre en 1810, un arrêt tout contraire à celui qu'elle a porté en 1807! ce serait donner l'exemple d'une contradiction des plus affligeantes, détruire de sa propre main l'autorité de ses décisions, et accroître le schisme, au lieu de l'éteindre.

Quoiqu'il en soit, voyons si l'arrêt de 1807, qui n'a fait que sanctionner l'opinion généralement établie jusqu'alors, renferme une erreur si grave, qu'il ne puisse se soutenir; si les argumens qu'on lui oppose sont d'une telle évidence, que les magistrats qui l'ont rendu ne puissent se dispenser de l'abandonner; si les justiciables qui l'ont pris pour guide, méritent d'être punis d'avoir cru à sa sagesse et à son irrévocabilité.

§. XIV. Examen des argumens opposés a l'arrêt de 1807.

En récapitulant tous ceux déduits, tant dans l'opinion dont on a déjà parlé, que dans les arrêts de Metz et de Bruxelles, on peut les réduire aux propositions suivantes :

1. La loi du 17 nivôse an 2, indique par son titre même (*Décret relatif aux donations et successions*), qu'elle n'a eu que ces deux objets en vue : les *donations* proprement dites, c'est-à-dire, celles faites par actes entre-vifs ou testamentaires ; et les *successions*, c'est-à-dire, les dévolutions de biens assignées par la loi aux parens des défunts.

2. L'art. 61 n'abolit aussi que les coutumes, usages

et statuts *relatifs à la transmission des biens par succession ou donation.*

3. Or, 1°. on ne peut considérer les avantages accordés par les statuts au survivant des époux, comme des *droits successifs*; 2°. ils ne peuvent pas plus être assimilés à des droits successifs, que les droits de communauté, qui bien certainement n'ont pas été abolis.

4. Ils ne peuvent non plus être assimilés à des *donations*; car ce n'est pas l'un des époux qui donne à l'autre; c'est la loi seule qui opère. Et la preuve qu'ils n'étaient pas considérés comme donations par les coutumes, c'est qu'ils n'étaient pas soumis à retranchement ni réduction pour la légitime.

5. L'article 13 maintient formellement les avantages statutaires pour les époux alors existans, et l'article 14 les maintient également pour les mariages postérieurs, par ces mots : « *A l'égard de tous autres avantages.....* » *qui pourront avoir lieu à l'avenir, soit qu'ils résultent* » *des DISPOSITIONS MATRIMONIALES, soit qu'ils pro-* » *viennent d'institution....... ils obtiendront également* » *leur effet.* » Car ces mots *dispositions matrimoniales* ne peuvent se rapporter qu'aux dispositions des coutumes concernant les avantages matrimoniaux.

6. L'article 10 de la loi *du 22 ventôse an 2*, fournit une nouvelle preuve du maintien des avantages statutaires pour l'avenir. Il est en effet répondu dans cet article, non-seulement que l'article 13 de la loi du 17 nivôse *maintient les dispositions même statutaires sur la foi desquelles les époux s'étaient engagés;* mais que *l'article 14 leur permet DE PLUS toute autre disposition à l'avenir.* Ce qui est dire clairement qu'à l'avenir les époux jouiront non-seulement des avantages établis en leur faveur par les coutumes, mais encore de ceux qu'il leur plaira de se faire en outre par des dispositions expresses.

3*

7. De plus, il résulte de l'article 1790 du Code Napoléon, que *les coûtumes et statuts qui régissaient ci-devant l'ASSOCIATION des époux, n'ont été abrogés que par le Code.* Or, ce mot, *association des époux*, embrasse toutes les espèces de droits matrimoniaux.

8. Enfin, la discussion de cet article au Conseil d'état acheve de démontrer que ce n'est que par cet article qu'on a entendu abolir pour la première fois les dispositions des coutumes relatives à tous les gains nuptiaux ; et on cite singulièrement à cet égard les dires de MM. les conseillers *Berlier* et *Regnaud* dans cette discussion.

Reprenons et pesons impartialement chacune de ces preuves.

Premier argument.

L'intitulé de la loi du 17 nivôse an 2 énonce qu'elle n'est relative qu'aux *donations* et *successions*. Donc elle est étrangère *aux avantages* ou gains nuptiaux purement statutaires, qui ne sont ni des donations ni des successions.

OBSERV. Mais, dans cette loi, je trouve qu'il est question, non-seulement des successions à titre de parenté, non seulement des donations par actes exprès entre parens et non parens ; mais encore et spécialement des dons et avantages, singuliers ou réciproques, qui étaient accordés par les coutumes, par les seuls statuts locaux, au survivant des époux, sur les biens de l'autre. Il s'ensuit, ce me semble, la conséquence toute simple, que c'est que les auteurs de la loi du 17 nivôse ont considéré ces avantages statutaires comme tenant au système des donations et successions, comme naturellement compris sous les deux dénominations employées dans le titre de la loi.

Deuxième argument.

L'article 61 n'abolit que les statuts relatifs *à la transmission des biens par succession ou donation.* Or, les avantages matrimoniaux établis par les coutumes ne sont point un mode de *transmission,* ni *par succession,* ni *par donation.* — Donc, etc.

OBSERV. Eh quoi! dans les articles antérieurs, la loi a elle-même rangé les *avantages établis par les coutumes en faveur des époux,* sur la même ligne que les *institutions, dons et legs stipulés entre époux;* elle a posé de nouvelles règles sur les avantages qu'ils pourront se faire à l'avenir, par *contrats de mariage, dons entre vifs, institutions ou legs* (art. 13 et 14); ensuite elle ajoute: *AU MOYEN DES DISPOSITIONS CI-DESSUS...... toutes lois, coutumes, usages et statuts relatifs A LA TRANSMISSION DES BIENS PAR SUCCESSION OU DONATION, sont également déclarés abolis.* — Et l'on ose sérieusement avancer que cette abrogation des coutumes ne se rapporte pas aux statuts établissant des institutions, dons et avantages en faveur des époux, aussi-bien qu'aux statuts concernant les institutions, donations et legs par d'autres personnes! — Et qu'était-ce donc que ces dispositions des coutumes établissant des dons et avantages plus ou moins considérables en faveur du survivant, sur la succession du prémourant? Que faisaient en cela, qu'opéraient ces statuts, lorsqu'ils recevaient leur exécution? Bien certainement une *transmission de biens,* de la tête d'un individu sur celle d'un autre; et une transmission *à titre gratuit;* et une transmission *après décès.* Par conséquent une véritable *transmission par succession et donation;* car elle participait de l'un et l'autre genre; ainsi qu'on le démontrera plus amplement ci-après.

Troisième argument.

On ne peut considérer les avantages accordés par ces statuts au survivant des époux, comme des *droits successifs*, pas plus que les droits de communauté, qui bien certainement n'ont pas été abolis.

Observ. Non, certainement non, les droits de communauté n'ont pas été abolis par la loi du 17 nivôse, ni les statuts concernant ces droits. Mais distinguons bien entre les *droits de communauté*, et les *douaires*, *gains nuptiaux*, et autres *avantages statutaires* dont il s'agit.

Dans le cas de la communauté coutumière, quand, après sa dissolution par la mort d'un des deux communistes, le survivant prend et emporte sa part des biens communs, que fait-il? Il ne prend que ce qui lui appartient. Il ne fait que séparer sa part dans la propriété commune, de celle de son co-associé. Il ne reçoit point; il ne recueille point. Il n'acquiert ni par donation, ni par succession. Il n'est ni héritier ni donataire de son conjoint.

Il en est tout autrement, dans le cas où le survivant, à titre de douaire, gain de survie, ou tout autre, prend et emporte, soit en propriété, soit en usufruit, tout ou partie des biens personnels du prédécédé; il est sensible qu'alors il est *donataire* et *successeur*. Il reçoit, à titre purement lucratif, la chose d'autrui : donc il est *donataire*. Il succède à un défunt dans la jouissance de ses biens : donc il est *héritier;* non à titre universel, sans doute, et dans toute la latitude de ce mot. Mais, enfin, il hérite, il succède, comme fait un institué, un légataire ; avec cette seule différence, qu'au lieu de tenir ce bénéfice d'une disposition écrite du défunt, il le tient d'une disposition générale de la coutume.

Donc, en dernière analyse, il n'est que vrai de dire que les avantages statutaires dont il s'agit , sont du genre des *droits successifs*. Et cette vérité fut reconnue, comme on l'a vu ci-devant, de la manière la plus formelle , par M. le procureur-général *Merlin* , dans son plaidoyer sur le tiers-coutumier ou douaire de Normandie. C'est ce qu'il a encore reconnu dans son article sur la *mainplévie* ou dévolution qui avait lieu dans le pays de Liége, au profit de la femme survivante. *Q. de D.*

Ils sont si bien des droits successifs, que plusieurs des coutumes les qualifiaient ainsi : *sibi succedunt invicem*. Dans presque toutes , ils sont placés au titre *des successions*. Et, dans plusieurs, le survivant est appelé *héritier*.

Quatrième argument.

Ce ne sont pas non plus des *donations ;* car ici l'un des époux ne donne rien à l'autre. C'est la loi seule qui a créé ces avantages ; et ce qui prouve qu'ils n'étaient pas considérés comme des donations, c'est qu'ils n'étaient pas soumis au retranchement de la légitime en faveur des enfans.

OBSERV. Qu'on ne les appelle pas *donations*, si l'on ne veut comprendre sous ce nom que les libéralités émanées d'un acte exprès de l'homme. Qu'importe? Il n'en sera pas moins certain, par la nature même des choses, que ces avantages étaient de véritables *dons*, de véritables *libéralités :* libéralités tout aussi gratuites que celles qui pouvaient avoir lieu par actes qualifiés donations. Entre celles-ci et celles-là , il n'y a de différence, qu'en ce qu'à l'égard des dons statutaires , c'est la coutume qui fait tout-à-la-fois l'office du donateur et du notaire. — Mais ce qui suffit, ce qui tranche toute difficulté, c'est que la loi du 17 nivôse a placé les avan-

tages statutaires sur la même ligne que les donations par actes formels; qu'elle les a considérées, pour le passé, comme étant des donations contractuelles, ainsi qu'il se voit en l'article 13. — Lorsqu'elle dit, en effet, dans cet article 13 : « *Les AVANTAGES*, singuliers ou réci-
» proques, *stipulés* entre époux *encore existans, soit*
» *par leur contrat de mariage*, *soit par des actes posté-*
» *rieurs; OU QUI SE TROUVERAIENT ÉTABLIS DANS*
» *CERTAINS LIEUX PAR LES COUTUMES, STATUTS OU*
» *USAGES*, auront leur plein et entier effet », il est clair qu'elle place les avantages statutaires (pour le passé) sur la même ligne que les avantages conventionnels ; il est clair qu'elle assimile (toujours pour le passé) les douaires ou dons établis par les coutumes, aux douaires et autres dons stipulés par contrats de mariage.— Quand, ensuite, pour l'avenir, et au moyen des règles nouvelles qu'elle a établies, tant pour les dispositions entre époux que pour toutes autres, elle proclame l'abolition de toutes les coutumes relativement *aux transmissions de biens par succession ou donation,* il est manifeste que cette abolition frappe tant sur les statuts établissant des dons et avantages au profit des époux, que sur ceux relatifs aux donations par actes, et de la part de toutes autres personnes.

Ces avantages, dit-on, n'étaient pas soumis au retranchement de la légitime. Mais, d'abord, c'est que dans la plupart des coutumes, ils n'étaient pas susceptibles d'entamer la légitime des enfans. C'est, ensuite, parce qu'ils n'étaient pas censés faits au préjudice des enfans ; parce qu'au contraire ils étaient censés faits aux enfans eux-mêmes, comme héritiers du donataire ; parce que, quant aux immeubles surtout, ils étaient toujours grevés de réversion au profit des enfans ; parce que, en attendant cette réversion, le survivant était tenu de les nourrir, élever et éduquer ; parce qu'en morale, et d'après les lois de la nature, il n'était pas permis de présumer que l'époux survivant ferait de ces dons un usage préjudiciable à ses propres enfans; parce qu'enfin ces avantages matrimoniaux composaient une classe particulière de donations que les coutumes et la jurisprudence n'avaient pas cru devoir soumettre aux restrictions ordinaires des donations faites en faveur d'étrangers.

De ce que les avantages dont s'agit n'étaient pas sujets au retranchement de la légitime, il n'y a donc nulle raison de conclure que c'est qu'ils n'étaient pas des *donations*, et qu'ainsi ils ne peuvent être réputés compris dans l'abolition des statuts relatifs aux donations.

Mais l'article 61 ne dit pas non plus qu'il abolit seulement les coutumes et statuts *relatifs aux donations*; il porte (ce qu'il ne faut jamais perdre de vue) : *Qu'au moyen des dispositions ci-dessus, toutes coutumes et statuts relatifs A LA TRANSMISSION des biens par succession et donation, sont abolis.* — Or, plus haut, *et pour le passé*, il avait placé les *avantages statutaires des époux* sur la même ligne que les donations stipulées par contrats de mariage et autres actes. Donc, en abolissant les *statuts relatifs aux transmissions de biens par succession et donation*, il prononce virtuellement l'abolition des statuts qui transmettaient tout ou partie des biens de l'époux prémourant au survivant, par une opération qui rendait ce survivant donataire et successible tout-à-la-fois du prédécédé.

Cinquième argument.

Quant à l'art. 14 de la loi de nivôse, bien loin qu'on puisse en conclure qu'il abroge les dispositions statutaires à l'égard des époux qui se marieront à l'avenir, on est bien plus fondé à dire qu'il les consacre et les maintient par ces mots : *A l'égard des autres avantages...... qui pourront avoir lieu à l'avenir, soit qu'ils résultent des DISPOSITIONS MATRIMONIALES, etc.....* — Car ce mot *dispositions* est employé dans la loi du 17 nivôse et celles subséquentes, aussi fréquemment, pour désigner les dispositions des coutumes, que celles des contrats. C'est ainsi qu'en l'article 10 de la loi du 22 ventôse, il est dit : *Les dispositions même statutaires sur la foi desquelles, etc.*

OBSERV. Oui ; mais, d'après la contexture entière de l'article 14 dont il s'agit, il est impossible à tout homme de bonne foi, d'entendre l'expression *dispositions matrimoniales* qui s'y trouve, dans le même sens que *dispositions des coutumes concernant les époux*. Il ne faut que le relire pour s'en convaincre.

D'abord, l'article débute par dire : *Les avantages légalement STIPULÉS entre époux.......* — Voilà déjà qui annonce que, dans cet article, le législateur n'a dans sa pensée que les avantages contractuels ; et, à cet égard, il commence par statuer que tous ces avantages ouverts par la mort d'un des époux *AVANT la révolution*, sont maintenus sans restriction. Puis, passant à ceux qui seront stipulés par la suite, il dit : « *A l'égard de TOUS* » *AUTRES....... qui pourront avoir lieu A L'AVENIR,* » *soit qu'ils résultent DES DISPOSITIONS MATRIMO-* » *NIALES (DES et non pas DE dispositions), soit* » *qu'ils proviennent d'institutions, dons entre vifs, ou* » *legs, etc....... »* — Il est clair que là, *dispositions matrimoniales* est mis pour *dispositions par contrat de mariage*, ou *conventions anténuptiales*. — En veut-on une preuve sans réplique ? Qu'on daigne relire le passage du rapport où cet article fut proposé par correction de la première rédaction employée dans la *loi du 5 brumaire*.

Cette loi du 5 brumaire portait, *art. 2* : « *Les avan-*
» *tages stipulés entre les époux* ENCORE EXISTANS,
» *soit par leur contrat de mariage,* ou *par actes posté-*
» *rieurs, ou qui se trouveraient établis dans certains*
» *lieux par les coutumes*........, auront leur effet. »
Art. 3. « *La même disposition aura lieu à l'égard*
» *des* INSTITUTIONS, DONS OU LEGS FAITS DANS
» DES ACTES DE DERNIÈRE VOLONTÉ, PAR UN *mari*
» *à sa femme, ou par une femme à son mari,* DONT
» LES SUCCESSIONS SONT OUVERTES. »

Tout cela, comme on voit, se rapportait au passé ;
et dans ce dernier article, il n'était question que des
dispositions *testamentaires* seulement *faites par un*
époux à son conjoint.

Le rapporteur propose de substituer à cet article la
rédaction qui a fait depuis l'article 14 de la loi du 17
nivôse ; article qui règle le passé et l'avenir, qui maintient sans restriction tout ce qui est antérieur à la révolution, et qui autorise pour l'avenir toutes sortes d'avantages entre époux, par quelques actes que ce soit ; sauf
seulement la réduction à l'usufruit, en cas d'enfans.

Or, sur ce nouvel article, et pour en justifier à
l'avance la rédaction, le rapporteur dit : « *Mais pour-*
» *quoi s'occuper plus particulièrement ici des institu-*
» *tions, dons et legs* (les seuls mots employés dans
» l'article 3 de la loi de brumaire), *que des avantages*
» CONFÉRÉS *à un époux* PAR D'AUTRES ACTES ?
» C'est ici qu'il convient de rapporter l'article dont on
» a plus haut fait sentir la nécessité (un article qui
» réglât le passé et l'avenir). — *C'est là que les institu-*
» *tions, dons et legs, se confondant avec les* AUTRES
» AVANTAGES FAITS *par une femme à son mari,*
» *ou par un mari à sa femme, subsisteront dans leur*
» *intégrité, sous la seule modification,* etc...... Votre
» comité vous propose donc l'article suivant, etc..... »

Voilà qui explique clairement et positivement, que les mots DISPOSITIONS MATRIMONIALES, ajoutés, dans la nouvelle rédaction, à ceux *institutions ; dons* et *legs*, n'ont été mis que pour désigner *les avantages CONFÉ-RÉS* ou *FAITS* par un époux à l'autre, tant par *contrat de mariage*, ou tous autres actes entre vifs, que par testament.

Qu'on ne vienne donc plus dire, que dans l'article 14 de la loi du 17 nivôse, les mots *dispositions matrimoniales* se rapportent aux *dispositions des coutumes*. Cette assertion est formellement démentie par le témoignage du rédacteur même de l'article.

Sixième argument.

On insiste et l'on dit : En admettant qu'il soit douteux que l'article 14 maintienne les statuts coutumiers pour l'avenir, comme l'article 13 les maintient pour le passé, au moins est-il certain qu'il ne les abroge pas non plus. Or, une loi ancienne, une loi qui a régné pendant des siècles, ne peut cesser que par une *abrogation expresse*. Impossible de trouver cette abrogation, même en termes indirects, dans l'article 14.

OBSERV. Ce n'est pas non plus dans l'art. 14 qu'on a prétendu que se trouvait cette abrogation expresse ; elle est dans l'article 61 ; elle y est prononcée en termes on ne peut plus exprès ; et il est impossible, à quiconque a des yeux, de ne pas l'y voir.

Le législateur de l'an 2, l'auteur de la loi du 17 nivôse, qui a dans sa pensée d'abolir, même à partir de 1789, toutes les dispositions des coutumes qui contrarient son système ; système qui embrasse, et les successions en général, même celles ouvertes depuis 1789, et les donations entre particuliers, et celles entre époux, toujours à partir de 1789, a commencé par maintenir,

sàuf réduction en cas d'enfans, *art.* 13, toutes les donations et institutions *contractuelles* entre époux déjà
mariés et vivans tous deux (*encore existans*), ainsi que
celles *résultantes des statuts coutumiers*, qu'il assimile
à des dons contractuels, les époux s'étant mariés sur la
foi de leur existence, et étant censés y avoir acquiescé.

Dans l'article 14, sa vue se porte sur deux objets, sur
deux tems différens : sur l'antérieur à 1789, et sur le
tems futur. Aussi l'article 14 est-il divisé en deux dispositions très-distinctes.

Dans la première, il maintient généralement et sans
restriction toutes les donations contractuelles (*avantages stipulés*) antérieures à 1789.

Dans la seconde où il s'occupe du futur, il établit
que les époux pourront se faire à l'avenir tous dons et
avantages que bon leur semblera, par *dispositions matrimoniales, institutions, dons entre vifs, ou legs ;* sauf
réduction à l'usufruit en cas d'enfans ; et là, il ne parle
plus des *dons et avantages établis par les coutumes.* —
Pourquoi ? Par une raison bien simple : parce que,
quelques lignes plus loin, il prononcera *l'abolition de
toutes les coutumes relatives à la transmission des biens
par succession et donation.*

Puisqu'à l'article 61, le législateur prononçait l'abolition de toutes les coutumes sur le fait des donations et
successions, il était inutile qu'il prononçât cette abolition à l'article 14, où il ne s'occupait que des donations
qui auraient lieu *à l'avenir*, dans un tems où les dispositions coutumières n'existeraient plus.

Mais reprenons le second paragraphe de cet article 14.

Dans les deux dispositions qui précèdent, le législateur
a réglé tout ce qui tient au passé. Il a réglé le sort des
donations contractuelles, testamentaires et coutumières
entre époux. Maintenant sa pensée se porte uniquément
sur l'avenir, sur les avantages qui pourront avoir lieu à

l'avenir entre époux, et il dit : « *A l'égard de TOUS*
AUTRES AVANTAGES QUI POURRONT AVOIR LIEU A
L'AVENIR..... » — Ainsi, le voilà qui embrasse dans sa
pensée toutes les sortes, toutes les espèces d'avantages
qui pourront avoir lieu à l'avenir. — Eh bien, quelles
sont-elles ? S'il comprend dans sa pensée les avantages
statutaires, aussi-bien que ceux par actes, il va les
nommer, les rappeler, comme il a fait en l'article 13.
— Point du tout. Il en fait, en effet, l'énumération. Il
dénomme, il spécifie tous les genres, toutes les espèces
d'avantages qu'il entend *qui pourront avoir lieu à l'ave-*
nir entre époux. — Or, quels sont-ils ? — « *Soit qu'ils*
résultent DES DISPOSITIONS MATRIMONIALES, *soit*
qu'ils proviennent d'INSTITUTIONS, DONS ENTRE VIFS,
ou LEGS. » — Les voilà donc *tous* ; voilà *toutes* les
espèces, *toutes* les sortes d'avantages qu'il entend *qui*
pourront avoir lieu à l'avenir entre époux. — DISPOSI-
TIONS MATRIMONIALES (que plus haut on a vu ne
pouvoir s'entendre que des *contrats de mariage,* ou
autres actes faisant suite aux contrats de mariage). —
INSTITUTIONS, DONS ENTRE VIFS, et LEGS. — Mais,
s'il n'y a que ces sortes d'avantages par actes exprès *qui*
puissent avoir lieu à l'avenir entre époux, les avantages
purement statutaires sont très-certainement exclus, par
cela seul qu'ils ne sont point compris dans cette nomen-
clature des avantages autorisés pour l'avenir.

Ainsi, d'après la seule contexture de l'art. 14, il est
visible qu'il contient, qu'il exprime l'exclusion des avantages purement statutaires pour l'avenir. Mais quand,
ensuite, on trouve un autre article qui prononce de plus,
en termes positifs, *qu'au moyen des dispositions ci-*
dessus, toutes les dispositions coutumières relatives à
la transmission des biens par succession ou donation,
sont abolis : alors l'évidence est à son comble. Il n'y a
plus de prétexte au doute. — En présence de ces deux

articles rapprochés, soutenir qu'il ne résulte d'aucun texte de la loi du 17 nivôse an 2, que le législateur ait entendu supprimer dès cette époque et pour l'avenir, les dispositions des coutumes qui faisaient passer les biens d'un époux à l'autre par un mode tout à la fois gratuit et successif : c'est passer toutes les bornes du pyrrhonisme.

Septième argument.

Oh, mais, voici un article interprétatif de la loi du 22 ventôse, qui décide de la manière la plus formelle, que les statuts conférant des avantages au survivant ne sont pas abolis par la loi du 17 nivôse; qu'ils sont, au contraire, confirmés. C'est la réponse à la question dixième. Il y est dit, que l'article 13 de la loi de nivôse *maintient évidemment les dispositions statutaires sur la foi desquelles les époux s'étaient engagés, tandis que l'article 14 leur permet DE PLUS toute autre stipulation à l'avenir.*

· OBSERV. Ici, nous nous contenterons de transcrire les réflexions d'un magistrat qui, depuis la controverse élevée contre l'arrêt de 1807, a de nouveau examiné la question, et qui, après l'avoir discutée d'une manière aussi judicieuse qu'impartiale, s'est prononcé entièrement en faveur de l'opinion consacrée par cet arrêt. (M. CHABOT DE L'ALLIER. *Quest. Trans.*, t. 1.)

« La question dixième et la réponse insérées dans le
» décret du 22 ventôse an 2, ne peuvent s'appliquer
» qu'aux avantages statutaires ou conventionnels, *AN-*
» *TÉRIEURS à la loi du 17 nivôse précédent.*

» Pour en être convaincu, il suffit d'examiner avec
» attention les termes mêmes de la question : *A ce que*
» *les avantages conférés par les statuts aux époux,*
» *soient maintenus, COMME CEUX QUI ÉTAIENT*
» *L'EFFET DE LA STIPULATION.*

» Il est évident que ces dernières expressions, *comme*
» *ceux qui ÉTAIENT l'effet de la stipulation*, ne
» peuvent se rapporter qu'aux avantages qui avaient
» été stipulés *avant* la loi du 17 nivôse ; autrement, et
» si on eût voulu parler d'avantages stipulés postérieu-
» rement à cette loi, on eût dit : *Comme ceux qui*
» *SONT l'effet de la stipulation.*

» On n'entendait donc également parler que d'avan-
» tages conférés par les statuts, *avant la loi du 17 ni-*
» *vôse*, puisqu'on établissait une comparaison entre
» les deux espèces d'avantages : cette conséquence ne
» peut être raisonnablement contredite.

» Et cela se trouve, d'ailleurs, confirmé par la ré-
» ponse.

» *L'article* 13 *de la loi du* 17 *nivôse*, répond le législateur, *maintient les dispositions, MÊME STATU-*
» *TAIRES, sous la foi desquelles les époux S'ÉTAIENT*
» *engagés.*

» Il est donc hors de doute que le législateur enten-
» dait la question, sous le rapport d'avantages statu-
» taires *antérieurs* à la loi du 17 nivôse, puisqu'il
» répond par la disposition de la loi, qui est relative à
» ces avantages, puisqu'il parle d'époux *qui S'ÉTAIENT*
» *engagés.*

» Il ajoute que l'art. 14 *LEUR permet, DE PLUS,*
» *toute autre STIPULATION à l'avenir ;* c'est-à-dire,
» qu'*outre* les dispositions statutaires sur la foi desquelles
» les époux s'étaient engagés, ces époux pourraient
» *encore* faire, à l'avenir, toute autre stipulation ; et
» l'on voit que cette seconde partie de la réponse n'au-
» torise pas, pour l'avenir, de simples avantages statu-
» taires, mais des *stipulations.*

» Enfin, le législateur conclut ainsi : *Latitude poli-*
» *tique qui fait assez apercevoir que le système restric-*
» *tif n'est pas pour les DISPOSITIONS entre époux ; sauf*

» *la réductibilité à l'usufruit de moitié, en cas qu'il y*
» *ait des enfans.*

» Mais l'on ne peut pas dire non plus que notre opi-
» nion tende à restreindre les dispositions entre époux,
» puisqu'on y voit, d'une part, que les époux mariés
» avant la loi du 17 nivôse, ont conservé les avantages
» statutaires, et ont pu *encore*, depuis la loi nouvelle,
» *stipuler* tous autres avantages; et, d'autre part, que
» les époux mariés après la loi du 17 nivôse, ont pu
» se faire toute espèce d'avantages; qu'ainsi, il n'y a
» eu, pour les uns ni pour les autres, aucune autre
» limite, à la faculté de disposer, que celle qui est éta-
» blie par la loi elle-même : la réduction de l'usufruit
» de moitié, en cas d'enfans. »

Huitième argument.

Mais ce n'est pas tout, en parcourant le Code Napoléon, en consultant le procès-verbal de sa discussion au
Conseil d'état, en interrogeant les opinions des magistrats et jurisconsultes qui concoururent à sa confection,
en faisant attention surtout aux articles 1387, 1388,
1389, 1390 et 1391 du Code Napoléon, on acquiert
la preuve palpable que ses auteurs étaient eux-mêmes
convaincus que les dispositions des coutumes attribuant
aux époux tels avantages que ce soit, ont eu force de
loi jusqu'à la publication de ce Code.

OBSERV. Voyons. J'ouvre le Code, et je remarque
d'abord au *livre* 1er, *chapitre* 6, intitulé *des droits et
des devoirs des époux*, que l'article 212 dit seulement :
« Les époux se doivent mutuellement fidélité, secours,
» assistance. »—Mais, pas un mot de *droits de survie*,
ni de *préciput*, ni de *gain* au profit du survivant sur les
biens du prédécédé.

Ensuite, je lis au *titre* 9, *article* 384, que « le père

4

» durant le mariage, et, après la dissolution du mariage,
» le *survivant* des père et mère, aura *la jouissance des*
» *biens de ses enfans*, jusqu'à l'âge de dix-huit ans
» accomplis, ou jusqu'à l'émancipation. » —*Art.* 385 :
que « les charges de cette jouissance seront, 1°. celles
» auxquelles sont tenus les usufruitiers, etc...... »

Voilà, sans contredit, un *gain de survie* ; mais le
Code considère si peu les biens du prédécédé comme
dévolus au survivant, par droit et comme conséquence
du mariage, que le Code a placé cette disposition sous
le titre *de la puissance paternelle*, et a grand soin de
spécifier que c'est sur les biens *des enfans*, sur les biens
à eux échus par la mort de leur père ou mère prédécédé,
que cet usufruit s'exerce.

Du reste, pas un mot sur l'abolition des douaires et
autres droits de survie qui avaient lieu sous l'empire des
coutumes, bien que c'eût été là l'occasion de placer cette
abolition, si ces droits eussent existé jusqu'au jour du
Code.

Je passe au *livre* 3, titre *des donations ;* je m'arrête
au *chapitre* 9, intitulé *des dispositions entre époux ;* et
je remarque notamment les articles suivans :

Art. 1091. « Les époux pourront, par contrat de
» mariage, se faire réciproquement, ou l'un d'eux à
» l'autre, telle donation qu'ils jugeront à propos, sous
» les modifications ci-après. »

Art. 1094. « L'époux pourra, soit *par contrat de*
» *mariage*, soit *pendant le mariage*, pour le cas où
» il *ne laisserait point d'enfans*, ni descendans, dispo-
» ser en faveur de l'autre époux, *en propriété*, de tout
» ce dont il pourrait disposer en faveur d'un étranger ;
» et en outre, de l'usufruit de la totalité de la portion
» dont la loi prohibe la disposition au préjudice des
» héritiers.

» Et, pour le cas où l'époux donateur *laisserait des en-*
» *fans* ou descendans, il pourra donner à l'autre époux,
» ou un quart en propriété, et un autre quart en usu-
» fruit, ou *la moitié* de tous ses biens en *usufruit seu-*
» *lement.* »

Art. 1096. « Toutes donations faites entre époux,
» pendant le mariage, quoique qualifiées entre vifs,
» seront toujours révocables, etc.... »

Ces dispositions sont, à peu de chose près, les mêmes
que celles de la loi du 17 nivôse ; et, si les dons ou avantages statutaires eussent existé jusqu'au jour de cette
loi, c'eût encore été là l'occasion assez naturelle d'exprimer, comme dans la loi du 17 nivôse, *qu'au moyen*
des dispositions ci-dessus, les dons et avantages établis
par les coutumes cesseraient d'avoir lieu ; ou, que les
dispositions des coutumes conférant des avantages au
survivant sur les biens du prémourant, étaient abrogées.
— Mais, pas un mot à ce sujet.

Je passe enfin au *titre* 5, intitulé *du contrat de ma-*
riage et des droits respectifs des époux, et je relis les
articles spécialement invoqués par les partisans des
avantages statutaires. Les voici :

Art. 1387. « La loi ne régit *l'association conjugale*
» *quant aux biens,* qu'à défaut de conventions spéciales,
» que les époux peuvent faire comme ils le jugent à
» propos, pourvu qu'elles ne soient pas contraires aux
» bonnes mœurs, et, en outre, sous les modifications
» ci-après. »

Art. 1388. « Les époux ne peuvent déroger, ni aux
» droits résultans de la puissance maritale sur la per-
» sonne de la femme et des enfans, etc..... »

Art. 1389. « Ils ne peuvent faire aucune convention
» ou renonciation dont l'objet serait de changer l'ordre
» légal des successions, etc...... »

4*

Art. 1390. « *Les époux ne peuvent plus stipuler, d'une*
» *manière générale, que* LEUR ASSOCIATION *sera ré-*
» *glée par l'une des coutumes, lois ou statuts locaux,*
» *qui régissaient ci-devant les diverses parties du terri-*
» *toire français,* ET QUI SONT ABROGÉS PAR LE
» PRÉSENT CODE. »

C'est ici que nos adversaires triomphent et disent :
Voilà bien la preuve que les dispositions des coutumes
concernant le régime des biens des époux, et par conséquent la dévolution ou attribution de ceux du prémourant au survivant, n'avaient point été abolies par la loi
du 17 nivôse an 2 ; qu'elles ont subsisté jusqu'au Code ;
qu'elles n'ont été abrogées que par ce Code. Si elles
eussent été abolies par la loi du 17 nivôse an 2, il n'y
aurait pas eu besoin d'en prononcer de nouveau l'abrogation par le Code.

Mais, qui ne voit, par la teneur même des articles
ci-dessus, que l'abrogation qui termine le dernier, le
1390e, n'est relative qu'aux dispositions des anciennes
lois et coutumes, concernant *le régime en communauté,*
ou le régime en non communauté, ou *le régime dotal,*
lesquelles ont, en effet, subsisté sans altération jusqu'au
Code. C'est ce que démontre le premier article du titre :
« *La loi ne régit l'*ASSOCIATION CONJUGALE QUANT
» AUX BIENS, *qu'à défaut de conventions....* » — Voilà
qui annonce clairement qu'il va être question de la *com-*
munauté légale, ou *non communauté de biens* entre
époux.— Et, lorsqu'à l'article suivant, le Code ajoute :
que *les époux ne peuvent plus stipuler, d'une manière*
générale, que leur ASSOCIATION *sera réglée par l'une*
des coutumes, lois ou statuts qui régissaient ci-devant....
Il est encore évident qu'il n'est là question que des coutumes et lois qui établissaient de plein droit entre les
époux qui se mariaient sous leur empire, sans conventions contraires, la *communauté* ou *non communauté*

de biens ; mais non pas de celles qui établissaient, au profit du survivant, une dévolution totale ou partielle des biens personnels du prédécédé ; dévolution, transmission, qui étaient un droit particulier à certaines coutumes, totalement distinct et indépendant de ceux dérivant de la communauté, ou de la simple société d'acquêts, ou du régime dotal des pays de Droit écrit.

Ce qui achève de démontrer que dans l'article 1390, il n'est question des coutumes, que dans leurs dispositions relatives à la *communauté* ou *non communauté*, c'est que l'article 1391 ajoute immédiatement : « *Ils peuvent* » *cependant déclarer d'une manière générale, qu'ils* » *entendent se marier, ou sous le régime DE LA COM-* » *MUNAUTÉ, ou sous le RÉGIME DOTAL.* »

Or, qu'y a-t-il de commun entre les dispositions des anciennes lois et coutumes qui établissaient de plein droit, entre les époux, la communauté de biens, ou l'exclusion de communauté ; et les dispositions qui établissaient au profit du survivant, dans certaines contrées, des avantages qui comprenaient une part plus ou moins considérable, quelquefois la totalité des biens du prédécédé ? Ces avantages étaient-ils donc essentiellement inhérens à la communauté ou non communauté de biens entre époux ? La preuve que la communauté pouvait très-bien avoir lieu sans ces avantages, c'est que plusieurs des coutumes qui établissaient la communauté, n'accordaient aucun douaire à la femme survivante (la Marche, la Rochelle, Boulogne, Cambrai, Issoudun). Comme aussi, dans plusieurs contrées des pays de droit écrit, l'*augment* n'avait lieu qu'autant qu'il était stipulé (Béarn, Dauphiné).

Oh mais, reprend-on, la preuve que les dispositions coutumières abrogées par l'article 1390, ne sont pas seulement celles relatives au régime de communauté ou dotal, mais toutes celles qui se rapportent à leur *association* en général, et par conséquent aux *gains de survie*, c'est que cet article emploie le mot *association* sans ajouter *de biens*, ou *de conquêts ;* c'est que les deux précédens parlent de la *puissance maritale*, des *droits conférés au survivant des époux par le titre de la puissance paternelle ;* de *conventions ou renonciations tendantes à changer l'ordre légal des successions.* — Donc l'*association* entendue dans l'article 1390, n'est pas celle relative aux biens seulement. — Et, à l'appui de cette argumentation, on invoque le procès-verbal de la discussion au Conseil d'état.

Eh bien, c'est ce procès-verbal même qui va fournir la démonstration de l'abus qu'on veut faire de l'art. 1390, et de la fausse entente qu'on veut lui prêter.

En effet, ce procès-verbal nous apprend que la première rédaction du chapitre 1er. du titre dont il s'agit, était ainsi conçue :

« *La loi ne régit l'ASSOCIATION CONJUGALE QUANT*
» *AUX BIENS, qu'à défaut de conventions spéciales,*
» *que les époux peuvent faire comme ils le jugent à*
» *propos........ sous les modifications suivantes :* 1°. *ils*
» *ne peuvent, par une disposition générale, se soumettre*
» *à aucune des anciennes lois ou coutumes qui sont*
» *abrogées par la présente ;* — 2°. ils ne peuvent, par
» aucune disposition générale ou spéciale, déroger aux
» droits résultans de la puissance maritale ; — 3°. ils
» ne peuvent faire aucune convention ou renoncia
» tion, etc........ »

Ensuite venait l'article : « *Ils peuvent cependant dé*
» *clarer d'une manière générale, qu'ils entendent se*
» *marier, ou SOUS LE RÉGIME DE LA COMMUNAUTÉ,*
» *ou sous le RÉGIME DOTAL.* »

Or, bien certainement, dans la première disposition :

« *La loi ne régit l'ASSOCIATION CONJUGALE QUANT*
» *AUX BIENS, qu'à défaut de conventions.........* » Il
n'est question que du régime des biens des époux *en
communauté* ou *non communauté*; et quand, ensuite,
le même article ajoute : « *Ils ne peuvent, par une dis-*
» *position générale, se soumettre à aucune des an-*
» *ciennes lois ou coutumes qui sont abrogées par la*
» *présente;* » — il est manifeste qu'il n'est ici question, que des dispositions de coutumes ou lois qui de
plein droit établissaient la communauté ou la non communauté entre époux, avec des variations plus ou
moins bizarres.

Or, en revisant cette rédaction, on trouva que le
premier article avec sa division en trois numéros ou
paragraphes, 1°, 2°, 3°, était trop long; qu'il va-
lait mieux en faire quatre articles distincts; qu'il serait
mieux aussi de transposer la disposition : « *Ils ne peu-*
vent, par une disposition générale, se soumettre à
aucune des anciennes lois ou coutumes qui sont abro-
gées » , et de la placer immédiatement avant la disposition portant : « *Ils peuvent cependant déclarer*
» *d'une manière générale, qu'ils entendent se marier,*
» *ou sous le régime de la communauté, ou sous le*
» *régime dotal* »; — et cette distribution eut lieu telle
qu'elle se voit aujourd'hui dans le Code publié. Seulement, pour que la disposition qui forme aujourd'hui
l'*article* 1390, fût encore plus claire, au lieu de ces
mots : « *Ils ne peuvent, par une disposition générale,*
se soumettre à aucune des anciennes lois ou coutumes
qui sont abrogées » , on mit ceux-ci : « *Les époux ne*
» *peuvent plus stipuler, par une disposition générale,*
» *que leur ASSOCIATION sera réglée par l'une des*
» *coutumes, lois ou statuts locaux qui régissaient ci-*
» *devant les diverses parties du territoire français, et*
» *qui sont abrogés par le présent Code.* »

Déjà, par cette seule observation, il est manifeste que le mot *association* employé dans l'article 1390, ne se rapporte, comme en l'article 1387, qu'à l'*association conjugale quant aux biens mis en communauté ou réservés propres à chaque époux.*

Mais veut-on encore quelque chose de plus positif?

Le procès-verbal nous apprend encore qu'un débat s'éleva entre plusieurs membres du Conseil d'état, relativement au degré d'utilité de cet article. Les uns étaient d'avis qu'il présentait une contradiction avec la disposition précédente, portant que les époux peuvent faire leurs *conventions comme ils le jugent à propos.* D'autres étaient d'avis qu'il était superflu et inutile. Les uns demandaient qu'il fût retranché. D'autres soutenaient qu'il devait être conservé; — et voici, entr'autres, comment M. *Tronchet* s'exprima pour en démontrer l'utilité.

« *Elle* (la commission) *a voulu empêcher* (par cet
» article) *les notaires de continuer à insérer dans leurs
» actes une clause usitée dans les contrats de mariage,
» lorsque les parties voulaient établir LEUR COM-
» MUNAUTÉ sur d'autres principes que sur ceux
» de la coutume de leur domicile.........* »

Est-ce clair? Voilà le principal rédacteur du Code, celui qui eut la plus grande part au titre dont il s'agit, qui vous déclare, qui vous atteste lui-même, que l'article 1390, portant que « *les époux ne pourront sti-
» puler d'une manière générale, que leur ASSOCIATION
» sera réglée par l'une des coutumes, lois ou statuts qui
» régissaient ci-devant les diverses parties du territoire
» français* », n'a eu pour objet que « *d'empêcher les
» notaires de continuer à insérer dans leurs actes la
» clause générale qu'ils étaient dans l'usage d'y ajouter
» relativement à la COMMUNAUTÉ DE BIENS DES
» ÉPOUX.* » — Donc le mot *association* employé dans l'article 1390, ne se rapporte pas indéfiniment à l'*asso-*

ciation des époux sous tous les aspects possibles, même sous l'aspect des dons et avantages que leur attribuaient les anciennes coutumes, indépendamment de leur part de communauté. — Donc il n'est pas vrai de dire que les coutumes et statuts dont il est question dans cet article, sont ceux relatifs aux avantages et gains de survie. — Donc il n'est pas juste d'en conclure que les statuts relatifs aux gains nuptiaux n'ont été abolis pour la première fois que par cet article du Code.

Mais continuons de consulter le procès-verbal.

Le Consul CAMBACÉRÈS ne voit pas la nécessité d'interdire aux notaires la faculté de continuer à employer cette clause usitée relativement à la communauté, et il dit : « Les notaires peu instruits sont dirigés par une » sorte de routine qu'ils ne peuvent perdre qu'avec le » tems. Il ne faut pas leur ôter l'avantage de s'exprimer » dans une forme à laquelle ils sont accoutumés. *Dans* » *les pays de Droit écrit, ils n'apprendront que par la* » *suite CE QU'EST LA COMMUNAUTÉ.* La facilité » qu'on leur laissera jusques-là ne nuira point au Code » civil, *parce que l'usage en donnera insensiblement* » *l'habitude.* »

Nouvelle preuve que l'article 1390 ne se rapporte qu'à l'ancienne *communauté coutumière*, que les statuts dont cet article prononce l'abolition, ne sont que ceux relatifs au régime de cette *communauté.*

Les Conseillers *Berlier*, *Réal*, *Regnaud* et *Treilhard* se réunissent au C. *Tronchet* pour démontrer l'utilité de l'article ; et il est maintenu.

A la vérité, le C *Regnaud* (de Saint-Jean-d'Angely), dans les motifs qu'il donne pour soutenir l'article, semble être dans l'opinion que les douaires coutumiers subsistent encore. Le procès-verbal le fait parler ainsi : « Que si les contractans pouvaient se soumettre

» à l'empire d'une coutume, quelquefois leurs stipula-
» tions porteraient à faux, en s'appliquant à des dispo-
» sitions qui ne peuvent plus recevoir leur exécution,
» et il en résulterait pour eux des erreurs qui pourraient
» leur devenir préjudiciables ; *par exemple, s'ils dé-*
» *claraient qu'ils se marient suivant la coutume de*
» *Normandie,* ILS CROIRAIENT LE DOUAIRE *assuré*
» *par la seule force du contrat et sans inscription hy-*
» *pothécaire..........* »

Mais qu'y a-t-il d'étonnant que cet orateur distingué
de l'Assemblée constituante, qui était proscrit à l'époque
de la loi du 17 nivôse et long-tems encore après, qui
resta absolument étranger à la discussion des lois faites
à cette époque et à leur application, qui depuis a tourné
toutes ses méditations vers la partie administrative, ait
ignoré qu'en Normandie, comme ailleurs, depuis les
lois des 17 nivôse et 22 ventôse an 2, on n'a plus connu
que les douaires contractuels, ou plutôt les donations
formellement stipulées par les contrats de mariage ou
actes postérieurs ? Et qu'au surplus, depuis le nouveau
système hypothécaire établi en l'an 7, l'inscription n'a
été nécessaire pour conserver l'hypothèque des douaires
coutumiers, que relativement à ceux qui étaient acquis
avant la loi du 17 nivôse an 2.

Quant à M. *Berlier,* on voit qu'il s'attache seulement
à défendre l'article du vice de contradiction qu'on lui
reprochait. Il insiste sur son maintien, par le motif que
s'il était encore permis de se référer dans les contrats de
mariage aux coutumes pour le gouvernement des biens
des époux, ce serait perpétuer l'existence de ces coutumes. — « Or, dit-il, plus d'uniformité, plus de Code
» civil proprement dit, si l'on permet cette bizarre
» alliance. » — Il ajoute, il est vrai : « Sans stipula-
» tion, ces coutumes ont continué de *régir les mariages*
» *faits* DANS LEURS RESSORTS *jusqu'à nos jours.* Mais

» pourquoi cela? *Parce que, jusqu'à présent, il n'y a*
» *point eu sur cette matière de nouvelles lois......* »

Mais, sous quel rapport, relativement à quel objet, M. *Berlier* dit-il, en cet endroit, que jusqu'ici les coutumes ont continué de régir les mariages? Sur quelle matière entend-il que jusqu'alors il n'y avait pas eu de nouvelles lois? Toujours sous le rapport du régime des biens des conjoints en *communauté* ou *non communauté*, unique objet alors en question : matière sur laquelle il n'y avait encore eu effectivement aucune loi nouvelle mise à la place des anciennes coutumes.

Par ces seuls mots : « *coutumes......... mariages faits dans leurs ressorts* », il est évident que M. *Berlier* ne pouvait entendre parler des coutumes sous le rapport des douaires, puisqu'il était de principe vulgaire que les douaires coutumiers étaient régis par les seules coutumes de la situation des biens, et non par celles dans le ressort desquelles les époux avaient été mariés. Au lieu que sous le rapport de la *communauté*, les époux étaient incontestablement régis par la coutume sous l'empire de laquelle ils s'étaient mariés, quand ils n'avaient pas fait de stipulations.

Non, M. *Berlier* ne pouvait dire et entendre que les anciennes coutumes avaient continué de régir jusqu'à ce moment les mariages, sous le rapport des douaires et autres dons qui peuvent avoir lieu entre époux, lui qui savait si bien qu'à cet égard des règles toutes nouvelles avaient été établies par la loi du 17 nivôse; lui qui savait si bien que dès nivôse an 2, les dispositions coutumières sur ce point avaient été abolies; lui qui, dans son discours préliminaire de la loi interprétative *du 22 ventôse an 2*, avait reconnu et proclamé que celle du 17 nivôse précédent renfermait une législation toute particulière relativement aux libéralités entre époux; lui qui, dans cette loi du 22 ventôse, avait dit, en réponse à la quarante.

neuvième question , que *toutes les transmissions statutaires étaient abolies ;* lui-qui, dans la loi du 9 fructidor
suivant., avait dit en réponse à la vingt-quatrième question , sur les *douaires ,* que toutes les dispositions de
coutumes établissant des douaires, avaient été incontestablement abolies par l'article 61 de la loi de nivôse, qui
avait ramené tout à l'uniformité.

Neuvième argument.

Mais, dit-on en dernier lieu, les gains nuptiaux dont
il s'agit, ceux-là surtout qui avaient lieu dans les coutumes des départemens septentrionaux de l'Empire
français, où le survivant emportait tous les biens du
prémourant, n'étaient autre chose que des droits de
communauté , *d'une communauté plus régulière et plus
parfaite* qu'ailleurs. — Or, vous convenez que ces coutumes n'ont été abolies que par le Code, relativement à
la communauté et aux droits en dépendans.—Donc....

OBSERV. Ceci a plutôt l'air d'une dérision que d'une
assertion sérieuse. Il est de la nature de la communauté
ou société , qu'à sa dissolution chacun des communiers
ou associés prenne sa part dans la chose commune : sans
doute ; mais il est contre sa nature qu'un seul des communiers ou associés prenne tout ce qui appartient à l'autre,
même ce qu'il a formellement excepté de la société.

Ainsi, par exemple, la coutume de *Luxembourg ,*
dans le territoire de laquelle est née une des affaires
actuellement soumises à la Cour de cassation, établit la
communauté entre époux, s'il n'y a stipulation contraire.

D'un autre côté, elle établit un droit de survie.

Mais quels biens fait-elle entrer en communauté? Les
meubles et *conquêts - immeubles : ores mesmes ,* est-il

dit, *qu'ès lettres d'acquest, la femme ne soit dénommée acquestresse* (art. 3, tit. 8).

Ainsi, arrivant la dissolution de cette communauté, il ne peut appartenir à l'un des communiers, *à titre de droit social*, qu'une part dans ces biens communs, et une part égale à l'autre.

Au lieu de cela, qu'est-il attribué au survivant, à titre de douaire ou gain de survie? D'abord, tous les *meubles*, et *en propriété*; plus, l'usufruit de tous les immeubles *propres* du *trépassé*; et encore l'usufruit de la *moitié des conquêts* appartenans au trépassé (art. 8).

Et la coutume elle-même regarde si bien ce droit de survie, ce don de la propriété du trépassé, comme un droit distinct de celui dérivant de la communauté, qu'elle dit, *art.* 9 : « Toutefois, s'il y a *douaire* préfix ou con-
» ventionnel, le survivant s'en doit contenter, et n'a en
» ce cas le choix de se tenir au coutumier. »

Il en était de même dans la coutume de *Bruxelles* et la plupart de celles de la Belgique.

Or, comment prétendre que le droit attribué par ces coutumes au survivant, non-seulement de retenir tous les meubles et les conquêts, mais encore de s'emparer des *propres* du prédécédé, était un droit de communauté? Eh quoi! dans les coutumes qui établissent tout-à-la-fois la communauté et le douaire ou droit de survie, ce droit est si bien reconnu pour être totalement distinct et indépendant de celui de partage de la communauté, qu'il est presque toujours placé dans un titre différent. Ainsi, dans la coutume de *Bruxelles*, il est placé au titre 17, qui traite de l'*usufruit* en général, et non au titre 16, qui traite des *droits des gens mariés*.

Dans la coutume de *Louvain*, il est placé au titre *des successions*, article 15.

Dans celle de *Santhoven*, de même.

Dans celle de *Deurne*, au chapitre *des successions et partages*.

Dans le pays de *Liége*, il existait un droit encore bien plus extraordinaire sous le nom de *mainplévie*. S'il n'y avait paction contraire, le survivant, par la seule volonté de la coutume, était fait maître absolu de tous les biens-meubles et immeubles du défunt ; savoir, en toute propriété, s'il n'y avait pas d'enfans ; et en cas d'enfans, il était seulement tenu de leur conserver les immeubles. — Or, dira-t-on aussi que ce droit matrimonial, établi par la coutume de *Liége*, a existé jusqu'à la promulgation du Code Napoléon ? Il a cependant été décidé par nombres d'arrêts, et cela est de jurisprudence constante à Liége, qu'il a cessé à partir de la publication des lois de l'an 2 dans ce pays.

Dixième argument.

Mais comment supposer, répond-on, que les législateurs de l'an 2 ayent eu l'intention de supprimer les dispositions des coutumes relatives aux douaires et autres droits matrimoniaux, alors qu'ils *ne mettaient rien à la place ;* alors qu'ils ne remplaçaient pas la législation ancienne par une législation nouvelle ? Quoi ! depuis la loi de nivôse an 2, jusqu'au Code Napoléon, *la France entière* serait *demeurée sans règles sur les droits respectifs des époux, sur le sort de leurs apports mobiliers et immobiliers, sur celui des biens advenus ou échus depuis le mariage, sur celui des accroissemens mobiliers et des acquisitions d'immeubles provenans de la collaboration et des revenus communs, sur les remplois, sur la liberté ou l'interdiction d'aliéner et d'hypothéquer les biens dotaux,* etc. !

Observ. Mais ce n'est là qu'une pure déclamation. On affecte de confondre à plaisir les dispositions des coutumes relatives à l'association conjugale des biens, au régime de communauté ou de non communauté, au régime dotal, au pouvoir marital ; avec les dispositions des coutumes qui conféraient au survivant tout ou partie des biens du prédécédé. — Qui a jamais prétendu que par la loi du 17 nivôse, avaient été abolies les anciennes lois et coutumes relatives au régime de la communauté ; aux biens qui y entraient ; à ceux qui en étaient exceptés ; à la manière dont elle se partageait en cas de dissolution ; aux reprises ; aux récompenses ; aux remplois ? Qui a jamais prétendu que par la loi du 17 nivôse an 2 , avaient été abolies les anciennes lois et coutumes relatives à l'autorité du mari sur la personne et les biens de sa femme ; à sa responsabilité et garantie ; à ses droits de simple jouissance sur les biens dotaux ; et à l'indépendance de la femme relativement à ses paraphernaux , dans les pays de Droit écrit ? Non, encore une fois non ; jamais on n'a prétendu que les anciennes lois et coutumes relatives à ces objets ayent été abolies avant le Code Napoléon. Mais qu'y a-t-il de commun entre les règles relatives à cet état, à cette manière d'être des époux, aux droits résultans de leur soumission au régime dotal , ou au régime de communauté ; et le droit que certaines coutumes attribuaient à l'époux survivant, non-seulement de reprendre ses propres biens , de retirer sa dot et ses apports , mais de s'approprier tout ou partie des biens personnels du prédécédé , alors même que celui-ci laissait des enfans ?

La loi de l'an 2 ne pouvait-elle donc abolir ces droits arbitraires, ces libéralités purement statutaires, émanés du pur caprice des coutumes, tout en laissant subsister les anciennes règles relatives aux dots, aux conquêts , aux propres, etc. Ces avantages statutaires étaient-ils donc tellement inhérens à l'état du mariage, que le mariage ne pût exister sans eux ? Étaient-ils tellement nécessaires, tellement essentiels à l'union des époux, qu'en les supprimant on ne pût se dispenser de les remplacer par d'autres dispositions ? — Mais la preuve qu'ils ne sont pas de l'essence du mariage, la preuve que l'union conjugale peut bien exister sans eux, c'est que le Code Napoléon ne les a pas rétablis ; c'est que, d'une part, dans le cas de communauté légale, le Code n'attribue au survivant rien de plus que sa moitié dans les biens communs, outre la reprise de ses apports (liv. 3, tit. 5, chap. 2, sect. 5) ; c'est que, d'autre part, dans le cas de soumission au régime dotal, la femme survivante n'a droit qu'à la reprise intégrale de sa *dot*, sans aucun *augment* (*ibid.*, sect. 3). — Les législateurs de l'an 2 pouvaient donc très-bien supprimer les douaires coutumiers et autres avantages purement statutaires, *sans rien mettre à la place*. Et les époux qui se sont mariés depuis l'an 2, sans se faire aucun avantage par actes entre vifs ni par testamens, ne sont pas plus à plaindre, ne méritent pas plus de faveur, que ceux qui se sont mariés depuis le Code, sans faire pareillement aucune disposition de leurs biens en faveur du survivant.

Au surplus, il n'est pas exact de dire que les législateurs de l'an 2 n'ont rien mis à la place des coutumes qu'ils ont supprimées, quant aux avantages qu'elles conféraient aux époux survivans : car ces législateurs ont en même tems, et par remplacement, conféré aux époux la liberté la plus illimitée de se faire des avantages par tous actes quelconques avant et pendant le mariage : faculté qui leur était interdite auparavant presque partout. — Mais, ont dit ces législateurs, aux époux : — » Déclarez, exprimez vous-mêmes, à l'avenir, votre volonté sur ce point ; faites-vous, par contrats ou par testamens, tels dons ou legs que vous jugerez à propos : vous en êtes les maîtres. Mais la loi ne suppléera plus à votre silence ; la loi ne donnera plus pour vous : car, dès-là que l'on vous livre toute facilité à cet égard, toutes les fois que vous n'en userez pas, il sera entendu que c'est que vous n'avez pas voulu vous faire aucun don ». — Certes, accorder une telle liberté aux époux, ce n'était pas les désanvantager, ce n'était pas empirer leur condition ; c'était, au contraire, la rendre bien meilleure que celle qu'ils tenaient des lois antérieures. Et, assurément, cette législation nouvelle était au moins aussi raisonnable que celle qu'elle remplaça.

§. XV. Dernière objection présumée.

On ne manquera sûrement pas de vouloir tirer avantage d'un arrêt récemment rendu par la Cour de cassation (*le* 16 *janvier* 1810), entre la veuve et les héritiers du sieur *Dubourg*, marié en l'an 7, sous l'empire de la coutume de Normandie. — La veuve réclamait la part que la coutume normande attribuait à la femme dans les *meubles* et les *conquêts* délaissés par le mari ; et la Cour de Caen la lui adjugea : « *Attendu que le* » *droit de la veuve sur les meubles et les conquêts,* » *N'EST POINT UN GAIN ni UN AVANTAGE GRATUIT,* » *mais le PRODUIT DE LA COMMUNE COLLABORATION,* » *et l'EFFET DE L'ASSOCIATION CONJUGALE; que cette* » *part était réglée par la loi au moment du contrat, et* » *que les coutumes et usages locaux servaient de règle* » *jusqu'à ce que le Code Napoléon les ait abolis.* »

On voit qu'il s'agissait dans cette espèce, non d'un douaire, non d'un don de survie, non d'un avantage proprement dit, mais d'un droit social, d'un droit de communauté, d'un droit de part dans des biens communs, fruits de la collaboration commune.

Cependant, cette décision fut attaquée sur le fondement de l'article 61 de la loi du 17 nivôse ; et l'orateur du ministère public, apercevant dans le droit en question, d'après les termes de la coutume de Normandie, un droit successif et à titre purement gratuit, plutôt qu'un droit social de copropriété, conclut à la cassation. Mais, après un long délibéré, la Cour suprême se détermina à maintenir l'arrêt par les motifs suivans : « *Attendu que la loi du 17 nivôse n'a aucunement* » *aboli les DROITS DE PROPRIÉTÉ que la coutume de* » *Normandie déclarait appartenir aux femmes mariées* » *et à leurs héritiers, sur les meubles et acquêts for-* » *mant LE FONDS OU LE PRODUIT DE L'ASSOCIATION* » *CONJUGALE :* — La Cour rejette.......... » .

Cet arrêt n'est donc nullement en opposition avec celui *du 21 octobre* 1807 ; il est, au contraire, parfaitement d'accord avec lui ; car il décide implicitement que s'il se fût agi d'un avantage proprement dit, d'un titre gratuit attribué par la coutume à la veuve sur les biens personnels du mari, il y aurait eu lieu à la cassation, en vertu de la loi du 17 nivôse.

§. XVI. RÉSUMÉ ET CONCLUSION.

Nous avons successivement démontré, par plusieurs textes des lois des 17 nivôse, 22 ventôse et 9 fructidor de l'an 2; par les discours des représentans qui les proposèrent et en expliquèrent les motifs; par des extraits d'ouvrages de plusieurs jurisconsultes et légistes qui publièrent des instructions sur leur application; par la doctrine des magistrats les plus recommandables, — que les dispositions des coutumes qui conféraient au survivant des époux sur les biens personnels du prédécédé, des dons ou avantages plus ou moins étendus, avaient incontestablement cessé d'avoir force de loi, à partir de la publication de celle du 17 nivôse an 2; — que leur abolition résultait nécessairement de la combinaison des articles 13, 14 et 61 de cette loi ; — que telle avait été constamment la pensée, l'intention des auteurs de cette loi ; lesquels avaient voulu faire disparaître l'infinie diversité et l'insupportable bizarrerie des innombrables coutumes locales sur ce point ; lesquels avaient voulu qu'il n'y eût plus qu'un système uniforme de succession et donation dans toute la France, qu'un seul mode de transmission des biens à titre successif et à titre gratuit ; lesquels avaient, de fait, substitué à l'inextricable dédale des lois anciennes en cette partie, une législation nouvelle et toute simple, particulièrement en ce qui concerne les avantages entre époux ; savoir : la liberté la plus entière à eux donnée de s'en faire, soit avant, soit pendant leur mariage, soit par contrats, soit par testamens ; sauf seulement, en cas d'enfans, la réduction à l'usufruit de la moitié de tous les biens du prédécédé ; en telle sorte que nulle part, dans toute la France, des enfans ne puissent être entièrement dépouillés ; en telle sorte que nul époux ne pût prétendre sur les biens personnels de son conjoint, que ce que celui-ci aurait expressément déclaré vouloir lui donner : — système tellement juste et raisonnable, qu'il a été maintenu dans le Code Napoléon.

Nous avons démontré que telle avait été l'opinion commune et universelle, dans les familles, dans les études des notaires, dans les tribunaux, dans les administrations, pendant les quinze ou seize années qui suivirent cette loi du 17 nivôse ; que cette opinion commune avait été revêtue, en l'an 1807, à la suite d'une discussion approfondie, de la sanction de l'autorité instituée pour régulariser l'application des lois dans tout l'Empire ; que tel avait été, jusqu'à une époque récente, le *sic vivitur*, dans toute la France.

Eh quoi ! dans cet état des choses, quand surtout il est définitivement consacré par le Code immortel qui doit à jamais régir tous les Français, et bientôt la plus grande partie du globe, est-ce bien le cas de rétrograder, de revenir sur une opinion si généralement reçue et consolidée ; de donner la préférence à l'opinion nouvelle de quelques jurisconsultes dissidens, très-estimables, très-éclairés, sans doute, mais non doués non plus du privilége d'être infaillibles? quand le résultat de cette innovation serait de porter le trouble dans une foule de familles, de réveiller une multitude de prétentions abandonnées, de remettre en problême des droits acquis, d'anéantir des partages consommés, d'opérer un véritable bouleversement dans une partie de la société !

N'est-ce pas bien plutôt le cas, au contraire, de tenir fermement à la jurisprudence établie, de la corroborer par de nouvelles sanctions, afin d'y rallier tous les esprits, de forcer les dissidens à s'y soumettre, et d'éteindre dans sa naissance le schisme qu'ils ont commencé de susciter?

GUICHARD, *Avocat.*

Mai 1810.

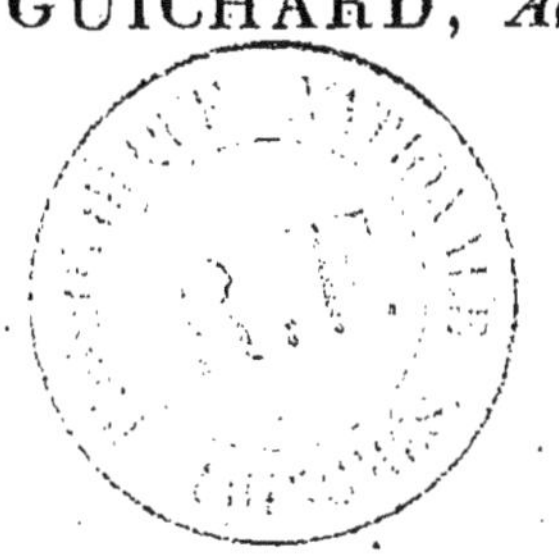

9 782019 267926